Dalai Lama

Wie man besser leben kann

HERDER spektrum

Band 5606

Das Buch

Was ist der Weg zum Glück? Wie lassen sich innere Zufriedenheit und Ausgeglichenheit erreichen; wie können Unfrieden und Ärger – in jedem Einzelnen und in der Welt – überwunden werden? Der Dalai Lama, weltweit bekannt als spiritueller Führer, beantwortet immer wieder gestellte zentrale spirituelle Fragen in den hier zusammengestellten Vorträgen aus dem Geist des tibetischen Buddhismus. In seiner warmherzigen und informellen Art spricht er über die Beschaffenheit des menschlichen Bewusstseins und darüber, was jeder für ein erfülltes Leben tun kann. Altruismus und Mitgefühl, Toleranz und Kooperation sowie die wechselseitige Abhängigkeit von Einzelnem und Gemeinschaft spielen dabei eine zentrale Rolle. Was diese Werte für das praktische Leben bedeuten und wie man mit ihrer Hilfe eine Geisteshaltung schafft, die das eigene Leben und das der Menschheit insgesamt positiv verändert, das ist der Kern der hier versammelten aktuellen Reden. Gerade auch im Gespräch des Dalai Lama mit seinen Zuhörern wird deutlich: Die Haltungen, für die er wirbt, sind keine fernen, entrückten Werte – sie sind ganz unmittelbar bedeutsam für das tägliche Leben. Das Bedürfnis nach Liebe und die Fähigkeit, andere zu lieben, sind Bestandteil der menschlichen Natur und damit nichts, was der Mensch sich erst aneignen muss. Der Dalai Lama ist überzeugt: Die Natur des Menschen ist ihrem Wesen nach gut. Den Pfad des Glücks zu beschreiten ist für alle möglich – unabhängig von individuellen Lebensumständen und Religionszugehörigkeit. Daran erinnern die Texte dieses Buches.

Der Autor

Der XIV. Dalai Lama, Tenzin Gyatso, geb. 1935, geistliches und weltliches Oberhaupt der Tibeter, Träger des Friedensnobelpreises. Bei Herder Spektrum u. a.: „Einführung in den Buddhismus“, „Der Weg zum Glück“, „Der Weg zum sinnvollen Leben“, „Glücksregeln für den Alltag“, „Kleines Buch der Weisheit“, „Vision des Herzens“, „Tag für Tag zur Mitte finden“.

Die Herausgeberin

Renuka Singh, Dr. phil., Soziologin, ist Leiterin des Tushita Mahayana Meditation Centre in Neu-Delhi.

Dalai Lama

Wie man besser leben kann

Der Pfad des Glücks

Herausgegeben von Renuka Singh
Aus dem Englischen von Klaus Bloch

HERDER

FREIBURG · BASEL · WIEN

Titel der in Indien erschienenen Originalausgabe:
„The Transformed Mind. Reflections on Truth, Love and Happiness".
First published in Viking by Penguin Books India 1999

Gedruckt auf umweltfreundlichem,
chlorfrei gebleichtem Papier

3. Auflage der Gesamtauflage

Die Erstausgabe erschien unter dem Titel „Der Pfad des Glücks.
Erfülltes Leben durch Bewusstseinsänderung"

www.herder.de
Satz: Rudolf Kempf, Emmendingen
Herstellung: fgb · freiburger graphische betriebe 2005
www.fgb.de
Umschlaggestaltung und Konzeption:
R·M·E München / Roland Eschlbeck, Liana Tuchel
Umschlagmotiv: © action press
ISBN 3-451-05606-2 Neuausgabe
ISBN 3-451-04988-0 Erstausgabe

Inhalt

Anmerkung der Herausgeberin 7

1. Den Geist umformen 11

2. Der Pfad des Glücks 31

3. Mitgefühl und Gewaltlosigkeit 59

4. Wie man besser leben und sterben kann 89

5. Der Weg spiritueller Praxis 117

6. Die Zwei Wahrheiten 149

Schlusswort
von Lama Thubten Zopa Rinpoche 183

Glossar 209

Anmerkung der Herausgeberin

Dieses Buch enthält eine Sammlung ausgewählter Vorträge, die Seine Heiligkeit der Dalai Lama während der jährlichen Tushita Dharma-Feiern gehalten hat. Sie wurden ergänzt um eine Einleitung des ehrwürdigen Lama Thubten Zopa Rinpoche, die den in den Vorträgen angesprochenen Themen einen historischen und philosophischen Hintergrund gibt. Ich fühle mich hoch geehrt, dass Seine Heiligkeit und Rinpoche mir die Gelegenheit geben, eine Reihe von Vorträgen zusammenzustellen, die sich dadurch auszeichnen, dass sie die Bedeutung und Wichtigkeit von Spiritualität in einer Welt hervorheben, die durch und durch von einer rationalen, von Wissenschaft und Technologie geprägten Denkweise beherrscht wird. Seine Heiligkeit eröffnet eine klare und scharfsinnige Einsicht in die den Menschen bedrängenden Probleme und zeigt, inwiefern Liebe, Mitgefühl und allgemeine Verantwortung vonnöten sind, um diese Probleme umfassend in ihrem Kern zu lösen.

Anlässlich der Feier des zwanzigjährigen Bestehens des 1979 von den inzwischen verstorbenen Lama Yeshe und Lama Zopa Rinpoche gegründeten Tushita Mahayana-Meditationszentrums möchte ich dieses Buch Seiner Heiligkeit widmen als Zeichen unserer Dankbarkeit für seine unermessliche Freundlichkeit und Liebenswürdigkeit. Aber ebenso möchte ich – zu Beginn eines neuen Jahrtausends – dieses

Buch einem größeren Kreis von Lesern zugänglich machen als Leitfaden für eine richtige Meditationspraxis, so dass sie ihren Geist verändern und Erleuchtung gewinnen können. Das grundsätzliche Ziel und der praktische Zweck buddhistischer Lehren besteht ja gerade darin, dass wir uns mit den geeigneten geistigen Werkzeugen dem „spirituellen Weg" widmen können.

Die Anordnung der hier vorgestellten Vorträge folgt der Reihenfolge, in der sie gehalten wurden, mit der Ausnahme des letzten Vortrags über die „Zwei Wahrheiten", der 1988 im Laufe zweier nacheinander folgender Abende gehalten wurde. Seine Heiligkeit bezieht sich in den anderen Vorträgen oft auf die Zwei Wahrheiten und die Vier Edlen Wahrheiten, in denen es unter anderem darum geht, wie man seinen Geist verändern kann; wie man durch das Verstehen der Bedeutung des Leidens im zyklischen Dasein und der Leerheit den Weg zur Glückseligkeit beschreiten kann; wie sich persönliche und weltumfassende Probleme durch Mitgefühl und Gewaltlosigkeit lösen lassen; wie wir ein besseres Leben führen und entsprechend ruhig unser Sterben annehmen können; und wie wir durch Verzicht auf weltliche Dinge, durch *Bodhicitta* und das Begreifen des Sinns der Leerheit den spirituellen Pfad beschreiten können - denn in all dem besteht der wesentliche Kern des *Dharma*, durch den letztlich alle Wesen befreit werden. Zugunsten philosophischer und begrifflicher Klarheit schien es angebracht, diesen Vortrag über die Zwei Wahrheiten, der nochmals über ihre Tiefe und Komplexität nachdenkt, an den Schluss des Buches zu stellen.

Zusätzlich habe ich auch den Großteil der Fragen und Antworten aufgeführt, die nach den Vorträgen gestellt wurden. Die meisten Fragen kamen aus dem Publikum. Wo immer es möglich war, habe ich Wiederholungen vermieden, aber aufgrund der Eigenart von Vorträgen können sich hier und dort Fehler als Folge falscher Transkription oder Fehldeutung des Gehörten und Gesagten eingeschlichen haben.

Viele Einzelpersonen haben entscheidend dazu beigetragen, dass dieses Unternehmen ein Erfolg werden konnte. Zu tiefem Dank bin ich so liebenswerten und hochgeschätzten Persönlichkeiten und Lehrern verpflichtet wie Seiner Heiligkeit, dem Dalai Lama, und dem ehrwürdigen Lama Thubten Zopa Rinpoche für ihre Liebenswürdigkeit und Inspiration. Mein ganz besonderer Dank gilt dem ehrwürdigen Lhakdor-la für die Übernahme der Manuskriptkorrektur (in Dharamsala, im Flugzeug und in den Vereinigten Staaten) und für die Übersetzung der Diskussionen. Ich möchte ebenfalls meine Wertschätzung gegenüber Thubten Jimpa-la zum Ausdruck bringen, der die Übersetzung des 1997 gehaltenen Vortrages anfertigte. Tenzin Geyche Tethong-la, dem Privatsekretär Seiner Heiligkeit, werde ich immer dankbar sein für die Geduld, Hilfe und Zusammenarbeit, die er bei meinen nicht enden wollenden Bitten, Nachfragen und Wünschen aufbrachte.

Ohne das unermüdliche Engagement und die Begeisterung aller meiner Vorgänger und all derer, die vor mir für das Programm spiritueller Veranstaltungen verantwortlich waren, hätte sich das Tushita-Meditationszentrum nicht zu dem entwickeln können, was es heute ist. Die Unterstützung seitens aller unserer Sponsoren, Freunde, Mitglieder und der Stiftung zur Bewahrung der *Mahayana*-Tradition war für Tushita von entscheidender Bedeutung, um während dieser vielen Jahre weiter bestehen zu können. Um nur einige wenige zu nennen: die Familien Kakaria, Mathur, Roy, Khanna, Bhandari, Nanda, Sud, Cerri, Chawla, Jhalani,

Singh, die ehrwürdige Yeshe Chodron, Susie Roy, Bruno Furrer, Derek Goh und Joan Mahony sind alle eine große Hilfe gewesen. Ich möchte nicht die bedeutende Rolle unerwähnt lassen, die die ehrenwerten Marcel Bertels, Roger Kunsang und Dr. Nick Ribush in der Geschichte von Tushita gespielt haben. Mein tiefer, aus dem Herzen kommender Dank gilt ihrer Geduld, Hilfe und ihrem Engagement.

Karthika und Diya Kar Hazra vom Verlag Penguin haben durch ihre Unterstützung bei der endgültigen Gestaltung dieses Buches entscheidend mitgeholfen. Ich möchte Ihnen an dieser Stelle für ihren unermüdlichen Einsatz aufrichtig danken.

Last but not least möchte ich es nicht versäumen, meiner Familie, die eine nie versiegende Quelle der Ermutigung und Zuwendung war, meinen Dank auszusprechen. Insbesondere vermisse ich schmerzlich die Liebe und Unterstützung meiner verstorbenen Schwester Ashma Singh, die meine Reisebegleiterin auf meinen spirituellen Reisen war und auf ihre stille Weise viel zu der Entwicklung von Tushita beigetragen hat.

Ich wünsche mir, dass die Lektüre dieses Buches bei vielen Menschen ihre spirituelle Erfahrung und Einsicht vertieft und Frieden in ihr Leben bringt.

Renuka Singh

1. Den Geist umformen

Um Buddhismus sinnvoll praktizieren zu können, muss man zunächst etwas über den Geist wissen. Auch wenn man sich selbst als nichtgläubig betrachtet, so kann man dennoch seinen Geist schulen oder weiterentwickeln, vorausgesetzt jedoch, man weiß etwas über ihn. So gesehen kann eigentlich jeder Mensch sein geistiges Potenzial richtig anwenden, was sich zudem als sehr sinnvoll und hilfreich erweisen wird.

Genau darum geht es im Kern in den *Acht Versen*. Sie lehren uns, wie wir mit unseren negativen Gefühlen umgehen sollen und - als Folge daraus - unsere geistige Haltung verändern und weiterentwickeln können. Man muss seinem Geist dabei jedoch ausreichend Beachtung schenken, um ihn immer wieder erneut zu aktivieren, ihn zu lenken und zu führen. Man sollte nie den Versuch voreilig aufgeben, die Vielzahl negativer Gefühle auszuschalten und stattdessen positive zu entwickeln - dies gilt besonders in der Ausübung des Buddhismus, von dem viele sagen, dass er eine Art Wissenschaft des Geistes ist.

Wir alle wünschen uns, Glückseligkeit zu erreichen; niemand möchte leiden. Viele Probleme um uns herum sind eine geistige Projektion bestimmter negativer oder unangenehmer Eindrücke. Wenn wir unsere Geisteshaltung genau analysieren, kommt sie uns vielleicht richtiggehend unerträglich vor. Deshalb ist ein in sich ausgeglichener Geist eine große Hilfe, und wir sollten alles unternehmen, um einen stabilen Geisteszustand zu erreichen.

Jeder von uns möchte körperlich gesund sein, und gewiss ist niemand darauf aus, krank zu werden. Was mich selbst angeht, so werde ich sicherlich auch nicht gerne krank, aber sehr oft erkälte ich mich – besonders, wenn ich Bodh Gaya besuche. Fast jedes Mal, wenn ich hier bin, sind Wohltat und Segen, die ich hier erlebe, so stark und tiefgreifend, dass ich immer wieder eine starke Grippe bekomme! Aber es bleibt natürlich die Tatsache, dass jeder für sich Gesundheit wünscht – und eines der wichtigen Mittel, diese Gesundheit zu erreichen und aufrechtzuerhalten, ist ein in sich gefestigter und stabiler Geist.

Mentales – oder geistig-spirituelles – Training ist entscheidend für eine gute Gesundheit, die zusammen mit einer inneren geistigen Stabilität die Grundvoraussetzung für ein gutes, glücklicheres Leben und eine sichere und verlässliche Zukunft bildet. Sollte sich ein Mensch in einer gegen ihn gerichteten oder unangenehmen Umgebung befinden, wird diese Feindseligkeit ihm nicht viel ausmachen, wenn seine innere geistige Verfassung fest und in sich stabil ist. Ohne innere geistig-seelische Gefestigtheit oder die richtige seelische Haltung kann man nicht glücklich und ausgeglichen sein oder in Frieden leben, selbst wenn man von den besten Freunden umgeben ist und die allerbesten materiellen Voraussetzungen gegeben sind. Deshalb ist es von höchster Bedeutung, den Geist richtig anzuwenden oder richtig einzuüben, und es sollte nicht bloß als eine religiöse Angelegenheit betrachtet werden. Einige Techniken oder Methoden, den Geist entsprechend zu üben, sollten für jeden von uns Teil des täglichen Lebens sein. Der Geist besitzt weder Farbe noch Form und lässt sich schwer begreifen; und dennoch ist er sehr mächtig. Manchmal, so scheint es, kann man ihn kaum beherrschen, geschweige denn ändern oder beeinflussen. Meiner Meinung nach hängt vieles mit Zeit, Willen, Entschlossenheit, Weisheit und Klugheit zusammen. Besitzen wir erst einmal genügend Entschlossenheit und Weisheit - wobei Weisheit Wissen mit einschließt - dann geht es darum, wie wir unseren Geist anwenden und gebrauchen können. Im Verlauf der Zeit kann sich unser Geist schließlich ändern und entwickeln. Ich möchte dies an einem Beispiel verdeutlichen: Meine Mutter war außergewöhnlich sanftmütig und besaß viel Geduld und Nachsicht, wohingegen mein Vater ziemlich jähzornig und aufbrausend sein konnte. Während der frühen Jahre meines Lebens fühlte ich mich enger meinem Vater verbunden und übernahm somit selbst die Neigung, schnell reizbar und aufbrausend zu sein. Im Laufe der späteren Jahre entwickelte ich eine stärkere Nähe zu meiner Mutter und daher auch größere Ruhe und Gelassenheit. Von beiden lernte ich viel. Traditionell glauben Tibeter, dass Menschen aus der Amdo-Region in Tibet eher unbeherrscht und in ihrer Art ziemlich direkt sind. Da ich aus dieser Gegend stamme, habe ich also immer eine gute Entschuldigung für meine Direktheit!

Man kann seinen Geist trainieren, indem man nicht nur die Schwächen und Nachteile untersucht, die mit den Gefühlen und Ausbrüchen des Zorns verbunden sind, sondern indem man sich auch mit den Erfahrungen und Erlebnissen anderer Menschen auseinander setzt. Darüber hinaus ist es hilfreich, einen Blick auf die Geschichte zu werfen. Wenn ich mich mit tragischen Ereignissen befasse, von denen Menschen betroffen werden, muss ich meistens feststellen, dass diese Ereignisse sich aus menschlichem Verhalten heraus ergeben – aus negativen Emotionen wie Ärger, Hass, Neid und größter Habgier. Alle guten, konstruktiven Dinge, glückliche menschliche Erlebnisse und positive Erfahrungen sind meist angestoßen durch gebührenden Respekt vor unseren Mitmenschen und einem aufrichtigen Interesse am Wohlergehen anderer: durch Mitgefühl, Zuneigung und Liebenswürdigkeit.

Eine gründliche Untersuchung vergangener menschlicher Erfahrungen, Ereignisse und der täglichen Lebenspraxis ist unabdingbar, um Veränderung und Verbesserungen herbeizuführen. In unseren Begierden und Wünschen sind wir Menschen einander sehr ähnlich – und deshalb ist das Üben des Geistes so wichtig.

Die *Acht Verse* erläutern, wie wichtig Uneigennützigkeit oder Selbstaufopferung sind und wie wir sie aufrechterhalten können, wenn wir in unserem täglichen Leben doch einmal in bedrängende Situationen kommen. Für Menschen wie für Tiere beruht die Grundlage jeder Gesellschaft auf Zuneigung und Liebe. Während der Zeit im Mutterleib ist die geistig-seelische Stabilität und innere Ruhe sehr wichtig für die Entwicklung des ungeborenen Kindes. Ebenso sind die ersten Wochen nach der Geburt eine entscheidende Phase für die Entwicklung des Gehirns. In dieser Zeit darf man die Bedeutung der körperlichen Nähe und engen Beziehung zur Mutter nicht unterschätzen. Damit zeigt sich, wie wichtig das Körperliche selbst für die Wärme und Zuneigung anderer ist. Die erste Handlung des Säuglings nach seiner Geburt ist das Saugen der Milch. Das Saugen oder das Aufnehmen von Muttermilch lassen sich sicherlich kaum mit Hass oder negativen Gefühlen in Verbindung bringen. Obwohl zu diesem Zeitpunkt der Säugling keine klare Vorstellung, geschweige denn einen präzisen Begriff von der lebenswichtigen Bedeutung seiner Mutter hat, so ist doch ganz gewiss ein enges emotionales Band entstanden. Wenn sich jedoch im Innern der Mutter Gefühle des Zorns oder der Ablehnung gegenüber dem Kind breitmachen, kommt es womöglich erst gar nicht zur Bildung von Muttermilch. Es ist die tiefe Zuneigung und das Gefühl absoluter Nähe zum Kind, was die Milch erst richtig fließen lässt. Und die Zuwendung zur Mutter und das Aufnehmen ihrer Milch ist unsere erste Handlung als menschliche Wesen.

Über die dann folgenden Monate und Jahre sind wir in hohem Maße von anderen abhängig, hauptsächlich von unseren Eltern und denjenigen, die sich anderweitig um uns kümmern. Ohne ihre Gutwilligkeit und Verantwortung kann das Kind nicht überleben. Als Schüler/in oder Student/in spüren wir, dass der Unterricht unserer Lehrer oder Lehrerinnen immer dann in uns einen bleibenden Eindruck hinterlässt, wenn diese uns nahe stehen oder ihre aufrichtige Zuneigung uns gegenüber ausdrücken.

Von Zeit zu Zeit müssen wir einen Arzt aufsuchen, auch wenn wir es gar nicht wollen. Ist der Ausdruck auf dem Gesicht des Arztes wie gefroren, leblos und ohne jedes Lächeln, fühlen wir uns eher unwohl in unserer Haut. Zeigt der Arzt jedoch echtes Interesse an unserem Gesundheitszustand und auch ein gewisses Mitgefühl, fühlen wir uns schon ein wenig mehr angenommen.

Im späteren Alter müssen wir uns wiederum auf die Zuneigung und sorgende Mithilfe anderer verlassen können. So ist die Natur des Menschen konstituiert. Da der Mensch ein soziales Wesen ist, ist er für sein Überleben auf andere angewiesen.

Selbst kleine Tiere und Insekten wie Bienen und Ameisen verfügen über einen gewissen Sozialinstinkt. Sie verfügen über einen ausgeprägten Verantwortungsinn und arbeiten zusammen in ihrer Gemeinschaft. Bei der Beobachtung von Bienen sehen wir, dass sie sich, in Abstimmung aufeinander, kooperativ verhalten, obwohl ihnen keine Religion, Verfassung oder Gesetze eigen sind. Ihre von Natur aus gegebene Eigenart und Lebensform erfordert, dass sie zusammenarbeiten, da sie andernfalls nicht überleben können. Menschen erachten sich in vielerlei Hinsicht als überlegen, aber tatsächlich sind wir diesen kleinen Insekten unterlegen. Unsere eigene grundlegende Situation zwingt uns dazu, dass wir zusammenleben und dementsprechend auch zusammenarbeiten. Obwohl dies letztlich eigentlich ein Naturgesetz ist, handeln wir dennoch nur zu oft entgegengesetzt.

Folgt man dem Buddhismus, dann verfügen Pflanzen weder über einen Geist noch über ein Bewusstsein. Als ein buddhistischer Mönch muss ich demnach feststellen, dass sie kein Bewusstsein haben; wobei ich mir dessen jedoch nicht völlig sicher bin – zumindest ist es sehr schwierig, darüber eine endgültige Aussage zu treffen. Nach meinem Dafürhalten müssen und sollten wir diese Frage näher untersuchen. Einige Leute behaupten, dass Pflanzen im Ansatz so etwas wie ein Gefühl oder die Fähigkeit zur Erkenntnis bzw. Informationsaufnahme haben. Auch wenn man dies nicht akzeptieren mag, so muss man doch feststellen, dass ihre bloße Existenz auf dem Zusammenwirken jeder ihrer Komponenten und Zellen mit anderen basiert. Jedes Teil hat eine bestimmte Aufgabe und Funktion oder Rolle zu erfüllen, und alle Bestandteile agieren zusammen, damit die Pflanze leben und sich entfalten kann. In ähnlicher Weise beruht die Existenz und das Funktionieren der Welt, unseres Planeten, ja selbst des Universums auf Kooperation und dem Zusammenwirken aller Einzelteile miteinander.

Verschiedene Teile des menschlichen Körpers wirken in bestimmten Gruppen zusammen, damit wir effektiv agieren können. Unsere Existenz und Überlebensfähigkeit hängen von Zusammenarbeit und Koordination ab. Nehmen wir als Beispiel die Familie. Fehlen Kooperation und Verständnis, werden Eltern und Kinder immer in Streit und Zank verwickelt sein. Das gleiche gilt für Streitereien zwischen Paaren. Oft folgt daraus Scheidung, und was zurückbleibt, sind Unfrieden und Unglück; die Ehe ist zerrüttet. Gemeinsames Wirken und Arbeiten ist unentbehrlich für eine in sich gesunde und intakte Familie; und ebenso gilt dies für den Körper und die Gesellschaft. Aber wie lässt sich solch eine Zusammenarbeit entwickeln bzw. herbeiführen? Durch Zwang und Gewalt? Wohl kaum – ganz im Gegenteil, es wäre unmöglich! Worin besteht also die Alternative? In auf Freiwilligkeit beruhender Tätigkeit, Selbstlosigkeit und Interesse an dem Wohlergehen und den Rechten anderer. Diese menschlichen Qualitäten müssen nicht unbedingt als heilig betrachtet werden; sie sind durchaus im Sinne des eigenen Interesse zu sehen, da gewissermaßen das eigene Überleben davon abhängt. Wenn uns andere Menschen wichtig sind und wir auf sie mit ehrlicher Aufgeschlossenheit zugehen, dann werden diese Menschen umgekehrt uns auf gleiche Weise begegnen.

Lächeln und Lachen mag ich sehr. Wünscht man sich für sein Leben den Ausdruck des Lächelns als eine Bereicherung, muss man die entsprechenden Bedingungen dafür schaffen. Es gibt verschiedene Arten von Lächeln. Einige Formen des Lächelns, die diplomatisch oder sarkastisch sind, führen eine unangenehme Stimmung herbei und lassen Misstrauen aufkommen, wohingegen ein aufrichtiges, echtes Lächeln uns tief berührt. Nun, wie erreicht man diese innere Berührung? Sicherlich nicht durch - wenn auch intensive - Gefühle wie Ärger, Eifersucht, Gier oder Hass, sondern durch Liebenswürdigkeit, geistige Offenheit, Ehrlichkeit und Aufrichtigkeit.

Sind unsere Motive im Handeln und Denken echt, aufrichtig und wahr, so gibt es nichts, was wir verstecken müssten; und umgekehrt wird uns dann unser Gegenüber mit einer offenen Gesinnung begegnen. Dies ist der richtige und angemessene Weg menschlicher Kommunikation und nicht ein bloßes Lippenbekenntnis. Aus meiner eigenen Erfahrung weiß ich, dass ich durchaus mit anderen Menschen in eine echte Kommunikation treten kann, ohne dabei ihre Sprache zu kennen, geschweige denn zu beherrschen. Aber dennoch ist festzustellen und zu akzeptieren, dass es bisweilen recht schwierig ist, anderen gegenüber offen und ehrlich zu sein.

Man kann beobachten, dass Menschen dazu neigen, sich verstärkt um Menschen mit großer Machtfülle zu scharen. Mir drängt sich der Eindruck auf, dass ich heute aufgrund des mir verliehenen Nobelpreises mehr Freunde habe, die jedoch vielleicht nicht die Freunde sind, auf die ich mich letztlich verlassen kann. Leute, die über Ruhm, Macht oder Reichtum verfügen, haben viele Freunde; wobei diese aber nicht unbedingt die wahren Freunde sein müssen. Denn oft fühlen sie sich nur von dem Reichtum oder der Macht der betreffenden Persönlichkeit angezogen. Sollte aber irgendwann dieser Mensch seine Machtfülle oder seinen Reichtum verlieren, so verschwinden nur allzu oft diese vermeintlichen Freunde; solche Freunde kann ich nur als unaufrichtig und falsch erachten.

Wahre Freunde teilen miteinander eine unverbrüchliche Nähe und bleiben Freunde ungeachtet sich verändernder Lebensumstände, seien sie mal besser, mal schlechter. Solch ein ehrlich gemeintes Interesse für andere ist eine großartige ethische Einstellung und Gesinnung, die aber in gewisser Weise auch egoistisch ist, da sie letzten Endes dem eigenen Wohl und Interesse nützlich ist – und das im guten Sinne. Meinen Freunden sage ich oft, dass, wenn wir nun einmal egoistisch sein müssen, wir dies auf eine weise und kluge Art sein sollten. Wenn wir selbst ehrlich und aufrichtig sind, werden wir Freunde haben, auf die wir uns verlassen können, was uns wiederum von allgemeinem Nutzen sein wird.

Verhalten wir uns jedoch unseren Mitmenschen gegenüber gleichgültig, vernachlässigen wir sie sogar, ist uns ihr Wohlergehen unwichtig und denken wir nur an uns selbst, verlieren wir schließlich das, was wir eigentlich suchen und uns wünschen und sind somit gewissermaßen die Dummen.

So gesehen erfordert die Basis jeder menschlichen Gesellschaft einen Sinn für bzw. ein gehöriges Maß an gemeinschaftlicher Verantwortung, die auf Uneigennützigkeit und Mitgefühl gründet. Die ausschlaggebende Quelle für Glück und Zufriedenheit besteht in Selbstlosigkeit. Erfolg im Leben wird auch durch Entschiedenheit und Entschlossenheit mit bestimmt, er beruht auf Willen und Mut. Und die Quelle dieses Mutes und dieser Entschlossenheit liegt in der Selbstlosigkeit. Es geschieht oft, dass Ärger und Hass eine Art Energie oder Absicht erzeugen. Diese „energiegeladene" Entschlossenheit zieht jedoch kaum positive Folgen nach sich, weil die durch Zorn, Eifersucht und Hass bewirkte Energie unbesonnen, schädlich und in ihrer Wirkung sogar verheerend sein kann.

Die buddhistische Technik oder auch Methode, den Geist weiterzuentwickeln, beruht auf der Einsicht in die gegenseitige Verbundenheit bzw. einander bedingende Abhängigkeit der Dinge untereinander, genannt *Pratityasamutpada*. Darin geht es vornehmlich um die Ursachen von Schmerz und Freude und die Tatsache, dass alles miteinander verwoben ist, wodurch eine Kette oder Abfolge von Reaktionen und Geschehnissen hervorgerufen wird. Wie ich schon zuvor erwähnt habe, gründen sich Befriedigung oder Glückseligkeit auf eine Vielzahl von Faktoren und Gegebenheiten. So gesehen öffnet und erweitert *Pratityasamutpada* unsere Weltsicht. Sie zeigt uns, dass zu unserem Wohl letztlich alles aufeinander bezogen und untereinander verbunden ist. Und so ermöglicht sie uns natürlich, einen weiter gefassten Blick zu entwickeln. Das Verständnis und die konkrete, praktische Umsetzung dieser Theorie kann die von Liebe geprägte Haltung gegenüber unseren Mitmenschen und das mitmenschliche Gefühl fördern, während Ärger und Hass sich gleichzeitig vermindern.

In Hinblick auf Schmerz und Freude gibt es laut dem Buddhismus eine entsprechende Beziehung zwischen Ursache und Wirkung. Die unmittelbare Ursache ist *Karma*, was soviel wie Handlung oder Tat bedeutet. Die morgigen Ereignisse beruhen zu einem sehr großen Teil auf den gestrigen, das Geschehen des laufenden Jahres auf dem des vergangenen, während die Begebenheiten in diesem Jahrhundert durch die des zurückliegenden vorgeprägt worden sind. Die Taten vorangegangener Generationen wirken sich auf das Leben der Nachkommen aus. Dies ist ebenfalls eine Art von *Karma*. Es gibt jedoch einen Unterschied zwischen Handlungen, die von einer Gruppe Menschen gemeinschaftlich ausgeführt werden, und denjenigen Taten, die ein Einzelner ausführt. Bei Individuen nehmen die Handlungen und das Verhalten in früheren Lebensabschnitten Einfluss auf die nachfolgenden.

Was ist nun also der Grund oder Ausgangspunkt für Handeln? Worin besteht die Motivation des Menschen, so und nicht anders zu handeln? Und, viel bedeutender, was ist oder worin besteht Geist? Ist er das Gehirn, also materiell, oder aber eine Art von durch das Gehirn hervorgerufener Energie, also immateriell? Die Antwort darauf ist: beides. Er (der Geist) ist „beides", weil, während unser „grobes", auf Sinnlichkeit bezogenes Bewusstsein durch die Funktion des Gehirns entsteht, die tatsächliche, entscheidende Quelle für das eigentlich wahre Bewusstsein dagegen das innerste, subtile Bewusstsein ist, das nun gerade wiederum nicht von dem Organ Gehirn und dessen Wirkung abhängt. Und was ist die Basis dieses innersten, nicht weiter zu ergründenden, subtilen Bewusstsein? Es gibt zwei Grundlagen: eine „substanzielle" (in sich beruhende, reale) Grundlage und eine „kooperative" Grundlage (die zusammen mit anderen wirksam ist).

Die Menschen brauchten fünf Milliarden Jahre, um ihre gegenwärtige menschliche Wesensart zu bilden. Drei bis vier Milliarden Jahre lang gab es kein Leben; nur einige einfache Primärzellen. Trotz aller menschlicher Evolution bleibt die Frage: Warum ist die gesamte Welt, das ganze Universum oder das Sternsystem überhaupt zur Existenz gelangt? Was war oder ist der Grund dafür? Wir könnten darauf antworten, dass es gar keinen Grund gibt oder dass alles plötzlich geschah, aber diese Antworten sind ziemlich unbefriedigend.

Eine weitere Antwort könnte darin bestehen, dass es die Tat Gottes oder eines Schöpfers war. Jedoch lässt sich diese Interpretation aus Sicht des Buddhismus und der Jain-Religion nicht halten. Die buddhistische Antwort besagt, dass die Welt ihre Existenz erhielt als Resultat des *Karma* derjenigen Wesen, die sich diese einzelnen Galaxien nutzbar machten. Nehmen wir als Beispiel ein Haus: Ein Haus existiert, weil es einen Bauherrn gibt, der es so konstruiert, dass es auf eine bestimmte Weise genutzt werden kann. Weil es mit Bewusstsein ausgestattete Wesen gab, die die Absicht hatten, dieses Sternsystem zu bewohnen und zu nutzen, brachte ihr *Karma* das Universum in einer dem Hausbau vergleichbaren Weise hervor.

Wir können dies nicht physikalisch erklären, nur auf der Grundlage eines sich weiter fortentwickelnden und sich selbst bedingenden Geistes. Das subtile Bewusstsein oder der Geist wird nicht durch Anfang oder Ende bestimmt. Dies ist seine grundlegende Wesenseigenart. Ich spreche aber in diesem Zusammenhang auch nicht von einem absoluten Bewusstsein. Sogar auf der allgemein konventionellen Ebene ist die absolute oder grundlegende Natur etwas, das rein und unverfälscht ist. So gesehen hat auch das „grobe" bzw. sinnliche Bewusstsein seine ihm eigene wesentliche Natur, die selbst völlig rein und unverfälscht ist. Es kann von negativen wie positiven Gedanken beeinflusst werden, wobei alle negativen Regungen auf Unwissen beruhen, das Unwissen selbst aber auf keiner festen Grundlage steht.

In der buddhistischen Lehre trägt jedes Wesen in sich die Möglichkeit, ein Buddha zu werden. Dieses subtile Bewusstsein wird Keim des Buddha oder *Sugatahridaya* oder auch *Tathagagarbha* genannt. Dies ist die Basis für den Buddhismus im Allgemeinen und den *Mahayana*-Buddhismus im Besonderen. Im Rahmen des *Mahayana*-Buddhismus besteht das letztendliche Ziel darin, Buddhaschaft, Erleuchtung oder die höchste Erkenntnis zu erlangen. Man sollte sich entschließen, Buddhaschaft erreichen zu wollen, um allen Lebewesen damit dienen zu können. Diese Entschlossenheit, erleuchtet werden zu wollen, wird *Bodhicitta* genannt, was wiederum die Grundlage für die *Mahayana*-Lehre des uneingeschränkten Altruismus ist.

Um *Bodhicitta* entwickeln und entfalten zu können, müssen wir zuerst wissen, was es mit den *Vier Edlen Wahrheiten* auf sich hat. Es ist nämlich möglich, das Leiden zu beenden oder ihm zumindest Einhalt zu gebieten. Dafür müssen wir jedoch wissen, was Leiden ist und vor allem, wodurch es bewirkt wird. Nur dann kann es uns gelingen, das Leiden zu beenden und dem Weg der Wahrheit bzw. der wahren Erkenntnis zu folgen. Dabei hilft es, wenn wir Entschlossenheit und Uneigennützigkeit entwickeln. Jeden Tag sollten wir die *Acht Verse* rezitieren und dies zu einen Bestandteil unseres alltäglichen Lebens machen. Wenn wir mit einem Problem konfrontiert werden, sollten wir umgehend die *Acht Verse* lesen, sie uns selbst vorsprechen und schließlich praktisch anwenden. Dies ist nicht leicht umzusetzen, aber es ist besser, überhaupt einen Anfang zu machen, als später bereuen zu müssen, gar nichts getan zu haben.

I

Mit der inneren Entschlossenheit,
das höchste Wohl für alle Wesen zu vollbringen,
die an Güte selbst den Wünsche
erfüllenden Edelstein übertreffen,
möge ich sie immer in meinem Herzen
lieb und teuer halten.

Dieser Vers macht geltend, dass wir, um Buddhaschaft zu erlangen, auf jeden Fall höchste Uneigennützigkeit entwickeln und gute Handlungen ausführen müssen. Wir hängen sehr stark von anderen Lebewesen ab. Nur mit ihrer Hilfe können wir eine umfassende Selbstlosigkeit entwickeln und als Folge daraus Buddhaschaft erreichen. Wir schulden unseren Erfolg, Reichtum und Freundschaften anderen Lebewesen und Einrichtungen. Zum Beispiel könnten wir ohne sie keine wollene Bekleidung tragen, da wir ohne Schafe keine Wolle hätten. Die Medien sind beispielsweise für Ruhm und Ansehen einer Person mit maßgebend. Selbst der Ruf, den ein Mensch genießt, hängt völlig von anderen ab.

Von der Zeugung bis zum Tod ist unser Leben auf andere Lebewesen angewiesen. Es ist wichtig zu erkennen, inwiefern andere Geschöpfe wertvoll und nützlich sind. Sobald wir dies erkennen, ändert sich unsere negativ gestimmte Haltung anderen gegenüber.

II

Wann immer ich mich in den Kreis anderer begebe,
möge ich mich als den niedrigsten unter allen betrachten

Und tief im Innern meines Herzens
alle anderen als die höchsten erachten.

Unsere Einstellung gegenüber anderen sollte immer positiv sein. Wir sollten um das Wohl anderer durchaus besorgt sein, ohne jedoch deshalb dabei ein Gefühl von Mitleid zu entwickeln. Vor allem müssen wir anderen mit Respekt begegnen, da sie wertvolle Wesen sind. Von uns sollten sie im höchsten Maße ehrwürdig, ja geradezu heilig, und als uns überlegen betrachtet werden.

III

In allen meinen Handlungen möge ich
meinen Geist untersuchen;
treten Klesha oder Illusionen auf
und gefährden mich und andere,
möge ich dann mutig auftreten und sie abwehren.

IV

Wenn ich Wesen erblicke, gezeichnet durch Schlechtigkeit,
oder bedrängt von furchtbarer Sünde oder Leid,
möge ich diese als meine lieben, treuen Freunde halten,
so als hätte ich einen wertvollen Schatz gefunden.

Diese Verse erläutern, wie man seine eigenen negativen Emotionen kontrollieren und steuern soll. Unser Geist und unsere Seele sind zutiefst durch unsere negativen Gefühle bestimmt und beeinflusst, und zwar aufgrund unserer zahllosen vielen vorausgegangenen Leben. Es ist deshalb auch nicht leicht, Selbstlosigkeit entstehen zu lassen. Immer wieder müssen wir gegen diese negativen Gefühle angehen. Wir müssen unterschiedliche Methoden anwenden, um diesen Mächten des Zorns beikommen zu können. Es ist gewiss nicht leicht, plötzliche, starke Regungen des Zorns zu kontrollieren. In solch einem Fall sollte man einfach versuchen, den Gegenstand des Ärgers auszublenden und die Aufmerksamkeit auf anderes zu lenken. Konzentrieren wir uns auf unsere eigene Atembewegung, wird unser Unmut als erstes ein wenig abgekühlt. Dann sollten wir über den negativen Aspekt nachdenken, den unser Zorn in sich trägt, und ihn minimieren; schließlich werden wir ihn sogar völlig los.

Es gibt aber noch eine andere Art von Groll, die jedoch nicht allzu mächtig ist. Eine Weise, mit unserem auf andere gerichteten Zorn umzugehen, besteht darin, uns auf die guten Seiten unseres „Feindes" zu konzentrieren. Anstatt uns dem Gefühl des Zorns zu überlassen, sollten wir vielmehr versuchen, Respekt und Mitgefühl für unser Gegenüber zu entwickeln. Wie schon *Pratityasamutpada* besagt, hat jeder Gegenstand viele Aspekte und Gesichter. Kaum ein Gegenstand hat ausschließlich negative Seiten. Jedes Ding trägt eine positives Moment in sich. Wenn sich jedoch Gefühle des Zorns breitmachen, nimmt unser Geist und unser Denken nur den negativen Aspekt wahr.

Einerseits bringt uns unser Gegner Probleme. Zugleich bietet uns dieser Gegner aber die Möglichkeit, uns in Geduld und Toleranz zu üben, zwei für Mitgefühl und Selbstlosigkeit notwendige Fähigkeiten und Eigenschaften.

Wenn größte Gier, Begierde oder andere negative Gefühle aufkommen, sollte man darauf eingestellt und vorbereitet sein. Wenn wir beim Auftreten dieser ihrem Wesen nach abzulehnenden Gemütsbewegungen eine zu nachgiebige Haltung einnehmen, werden sie stärker und mächtiger. Also sollten wir sie gleich von Anfang an zurückdrängen oder zumindest minimieren.

V

Wenn andere mich aus Neid heraus quälen,
zu Unrecht beschimpfen und verleumden,
Will ich die Niederlage annehmen
Und den Sieg den andern lassen.

VI

Wenn jemand, dem ich gut getan und
Hoffnung gegeben, mich tief verletzt,
Möge ich ihn zu
meinem höchsten Lehrmeister machen.

Diese Vorgaben sind schwierig umzusetzen, aber unabdingbar, wenn wir echte Selbstlosigkeit heranbilden wollen. So sehr auch einige Bodhisattva-Übungen unmöglich oder gar unrealistisch zu sein scheinen, so sind sie dennoch wichtig.

Wenn wir bescheiden und vertrauenswürdig sind, könnten so manche Menschen uns ausnutzen. Aber selbst in solchen Situationen sollten wir keinerlei Groll gegen diese Menschen hegen. Stattdessen sollten wir die Situation analysieren. Lassen wir zu, dass die betreffende Person tun kann, was sie will, wird sie sich über kurz oder lang selbst schaden. Deshalb sollten wir also einige Gegenmaßnahmen treffen, und zwar nicht deshalb, weil diese Person uns Schaden zugefügt hat, sondern weil wir um ihr langfristiges Wohlergehen besorgt sind.

Sobald Zorn unseren Geist beherrscht, d.h. den höchstentwickelten Teil unseres Gehirns, der Situationen einschätzt und beurteilt, kann er seine Aufgabe nicht mehr erfüllen. In solchen Momenten könnten wir, ohne dass es unsere erklärte Absicht wäre, harsche und strenge Worte verwenden. Unwillkürlich ergießen sich aus uns Worte voller Hass, weil wir die Situation nicht mehr unter Kontrolle haben und nicht mehr bewältigen können. Nachdem sich der Ärger gelegt hat, schämen wir uns für unser Verhalten.

VII

Möge ich auf jede Weise
Nutzen und Glück allen meinen Müttern geben
und im Stillen auf mich nehmen
all ihr Leid und ihren Schmerz.

Dieser Vers sagt, dass wir anderen mehr als uns selbst von Nutzen sein und ihr Leiden auf uns nehmen sollen. Dies kann durch tiefes Atmen geübt werden – durch Einatmen nehmen wir das Leiden in uns auf, und durch das Ausatmen verströmen wir Glück.

VIII

Möge alles von Makel frei und unbefleckt bleiben
und möge ich auf der Hut sein vor den
acht weltlichen Prinzipien,
durch das Erkennen der Illusion aller Dharmas
aus der Knechtschaft des Samsara mich lösen
und befreit werden.

Um über die höchste Uneigennützigkeit zu meditieren, muss man ihr Prinzip verstehen. Dazu bieten im Buddhismus verschiedene Anschauungen auf unterschiedlichen Ebenen vielfältige Interpretationen. Von den vier philosophischen Schulen lässt sich die hier vorgetragene Interpretation auf die höchsten buddhistischen Grundsätze, *Prasangika-Mashyamika*, zurückführen. Demnach bedeutet Leerheit, dass Phänomene oder Erscheinungen keine inhärente Existenz haben d.h. in sich keinen inneren Wesenskern tragen. Wenn wir verstehen, dass es keine den Dingen innewohnende Substanz gibt, dann begreifen wir auch die illusionäre Natur der Dinge oder den trügerischen Schein aller Phänomene.

Grenzenlose Uneigennützigkeit mit Hilfe der Weisheit üben - das ist der Weg.

1990

2. Der Pfad des Glücks

In unserem Grundwesen unterscheiden wir Menschen uns kaum voneinander; denn schließlich sind wir alle Teil desselben Planeten. Alle wollen aus derselben angeborenen Natur heraus Glück erstreben und Leiden vermeiden. Wir alle haben eine gesunde und gute Selbsteinstellung und wünschen das Gute. Nun, in Hinblick auf materielle Entwicklungen haben wir schon sehr viel erreicht, und jedes Volk auf diesem Planeten bemüht sich um bessere Möglichkeiten und Bedingungen und versucht, für sich eine wohlhabende und erfolgreiche Gesellschaft aufzubauen.

Irgendwann können wir dieses Ziel vielleicht verwirklichen. Jedoch ist für menschliches Glück materieller Fortschritt alleine nicht ausschlaggebend. Der Grund dafür ist recht einfach: Wir Menschen sind nicht das Produkt von Maschinen; nein, wir sind mehr. Und deshalb benötigen wir für unser Glück mehr als nur äußere Gegenstände.

Das Wichtigste im Leben ist menschliche Zuneigung und Liebe. Ohne diese können wir echtes menschliches Glück nicht gewinnen. Wenn wir also ein glücklicheres Leben, eine glücklichere Familie, glücklichere Nachbarn oder ein glücklicheres Volk wollen, liegt der Schlüssel dafür in den inneren Qualitäten. Selbst wenn alle Menschen, die diesen Planten bevölkern, Millionäre werden würden, gäbe es ohne innere Entwicklungen keinen Frieden oder andauerndes Glück. Einige Menschen mögen durchaus sehr reich sein, aber dennoch sehen wir sehr oft, dass sie ganz und gar nicht glücklich sind. Zuneigung, Liebe und Mitgefühl sind einige der wichtigsten Elemente in unserem Leben. Seelischer Frieden ist entscheidend für eine gute Gesundheit. Selbstverständlich haben gute materielle Ausgangsbedingungen, eine gut entwickelte Gesundheitsversorgung und gesunde Ernährung ihr Gewicht; aber Glück ist der wichtigste Faktor für (nicht nur körperliche) gute Gesundheit.

Jeder ist um den Weltfrieden besorgt. Waffen oder militärische Macht können zwar unter bestimmten Voraussetzungen und für gewisse Zeit einen relativen Frieden sichern helfen. Auf lange Sicht jedoch lässt sich kein echter und dauerhafter Frieden mit militärischer Konfrontation, im Hass oder durch gegenseitiges Misstrauen herstellen und aufrechterhalten. Weltfrieden insgesamt kann sich nur durch einen geistigen Frieden, durch gegenseitiges Vertrauen und Respekt voreinander entwickeln. Und auch dafür dienen wiederum Mitgefühl und eine von Eigennutz freie Haltung als Schlüsselfaktoren.

Betrachten wir näher, inwiefern Glück in einer Familie im oben angesprochenen Zusammenhang von Bedeutung sein kann. Das wichtigste Element ist Zuneigung. Ob wir später im Leben erfolgreich sind, hängt zu einem nicht unerheblichen Teil von der Atmosphäre und den Umständen ab, in denen wir aufwachsen. Kinder aus Familien, in denen liebevoll und fürsorglich miteinander umgegangen wird, sind die glücklicheren und später auch erfolgreicheren Menschen. Und umgekehrt kann das Leben eines Kindes durch Mangel an Liebe und Zuneigung zugrunde gerichtet werden.

Was ist die Quelle der Zuneigung und wie kann man sie entwickeln und verstärken? Solange es so etwas wie menschlichen Geist gibt, solange gibt es damit verbunden auch die Grundlage für Zuneigung und Mitgefühl der Menschen untereinander. Obwohl sich in der menschlichen Natur das Vorhandensein negativer und positiver Gefühle und Gedanken nicht leugnen lässt, so sind doch Liebe und Zuneigung die dominierenden und treibenden Kräfte im Menschen. Und somit ist der Samen für Mitgefühl als einem Wesensmerkmal menschlicher Natur jedem von Geburt an mitgegeben. Im Moment unserer Geburt sind wir noch völlig frei und unbeeinflusst von jeglichen politischen, sozialen und religiösen Ideologien, mit denen wir uns erst später auseinander setzen müssen; aber wir sind nicht frei in unserem Bedürfnis nach Liebe und Zuneigung. Ohne diese kann ein Neugeborenes oder Kleinkind nicht überleben.

Echte tiefe Zuneigung ist auch ein wichtiges Element bei der Zeugung. Menschliche Zuneigung und Gefühle haben nicht nur mit Liebe oder sinnlichem Genuss zu tun. Wahre Liebe ist mehr als nur Sympathie, Mitleid oder das Gefühl von Nähe, sondern beinhaltet auch einen hohen Grad an Verantwortungsbewusstsein. Echtes Mitgefühl wird erweckt, wenn wir erkennen, dass Menschen, die leiden, unglücklich sind oder in Armut leben, genau wie wir glücklich sein wollen. Mitgefühl meint das Entwickeln eines echten Interesses für das Wohlergehen dieser Mitmenschen.

Im Allgemeinen gehen wir beim Mitgefühl als einem Gefühl von Nähe zu unserem Freundeskreis aus, aber eigentlich ist diese Sichtweise durch unsere geistige Projektion einseitig gefärbt. Solange der „vertraute" Mensch ein naher Freund oder eine enge Freundin ist, haben wir ihm oder ihr gegenüber eine positive Einstellung. Sobald sich jedoch Gesinnung und Gefühle ändern, verschwindet auch dieses Mitgefühl bzw. Mitfühlen. Im Grunde handelt es sich also nicht um aufrichtiges Mitgefühl, sondern um eine von sich leicht ändernden Emotionen abhängige Bindung.

Echtes und tiefes Mitgefühl bedeutet, dass wir uns auf eine soziale menschliche Situation einlassen und uns mit ihr und den darin beteiligten Personen auseinander setzen, gleichgültig ob diese uns nahe stehen oder nicht. Unverändert bleibt nämlich die Tatsache bestehen, dass die betreffende Person ein Problem hat und leidet; und sie besitzt dasselbe Anrecht darauf wie ich, Leiden zu überwinden und glücklich werden zu können.

Heirat bzw. Ehe und Zeugen von Kindern ist nicht nur das Resultat von blinder, grenzenloser Liebe, sondern beruht auch auf dem bewussten und tiefer gehenden gegenseitigen Sich-Kennenlernen. Wenn wir unseren Partner nicht nur äußerlich körperlich, sondern auch in seiner geistig-seelischen Komplexität begreifen, können wir gegenseitig Vertrauen und Respekt entwickeln. Nur auf dieser Basis kann eine Ehe wirklich Bestand haben, wobei ein hohes Maß an Verantwortungsbewusstsein ebenso daran beteiligt ist. Jede Zeugung menschlichen Lebens sollte eigentlich nur unter solchen Umständen stattfinden.

Wir menschliche Wesen besitzen Intelligenz und verfügen über außergewöhnliche Fähigkeiten. Diejenigen mit höherer Intelligenz besitzen mehr Weitsichtigkeit, und solche, die sozial veranlagt und kompetent sind, haben auch eine größere Verantwortung sich selbst und anderen gegenüber. Es ist eigentlich sogar so, dass Menschen nicht nur für andere Menschen Verantwortung tragen, sondern für das Wohl allen Lebens und unseres Planeten als ganzem. Setzen wir unsere Intelligenz und unsere Fähigkeiten auf zerstörerische Weise ein, wird alles in Verwüstung und in einer Tragödie enden. Stattdessen müssen wir diese uns gegebenen Fähigkeiten konstruktiv anwenden. Ich bin davon überzeugt, dass jene, die mit ihrer hohen Intelligenz und ihren außergewöhnlichen Fähigkeiten andere Menschen oder Situationen nur zugunsten ihrer eigenen egoistischen Interessen manipulieren, dies eines Tages zutiefst bereuen werden.

Ich glaube und meine, dass sowohl Menschen und Tiere eine ihnen angeborene Wertschätzung für Wahrheit haben. Behandeln wir einen Hund oder eine Katze offen und ehrlich, werden sie dies zu schätzen wissen. Hintergehen wir sie jedoch, d. h. begegnen wir ihnen nicht vertrauensvoll, dann erkennen sie dies und werden ihre Ablehnung unseres Verhaltens auf ihre Weise zeigen. Wenn ein Mensch mit einem anderen offen und aufrichtig umgeht, wird dies folglich auch geschätzt. Führen wir unsere Mitmenschen jedoch hinters Licht, werden sie dementsprechend reagieren, wobei es dabei keine Rolle spielt, ob sie reich oder arm, gebildet oder ungebildet, gewitzt oder einfältig, gläubig oder ungläubig sind. Demnach gibt es Mitgefühl, Aufrichtigkeit und Ehrlichkeit dann, wenn wir Menschen im Grunde genommen nicht hintergehen wollen und weil wir alle – ungeachtet aller Unterschiede – gleicherweise berechtigt sind, glücklich zu sein. Mitgefühl ist, wie ich schon zuvor erwähnte, eine Verbindung von Sorge, Mitempfinden und Interesse, einem Gefühl von Nähe und einem Gespür für Verantwortung.

Einige Menschen meinen, dass Mitgefühl, Liebe und Vergebung religiöse Aspekte sind. Aber dem ist ganz und gar nicht so. Liebe und Mitgefühl bzw. Mitempfinden (was nicht mit Mitleid zu verwechseln ist) sind unabdingbar. Keinesfalls können wir diese Elemente menschlichen Lebens ignorieren, wobei es dabei völlig irrelevant ist, ob wir irgendeiner Glaubensrichtung angehören oder nicht. Diese Elemente sind notwendig, wenn wir glücklich und gute Mitglieder unserer Gesellschaft sein wollen. Was nun in diesem Zusammenhang die Religion angeht: Wenn die Zugehörigkeit zu einer bestimmten Religion die Annahme der oben genannten Grundsätze erleichtert oder überhaupt erst möglich macht, dann sollte man die jeweilige Religion annehmen bzw. beibehalten. Im anderen Fall, d.h., wenn Religion für jemanden keinen höheren Stellenwert besitzt, dann sollte man es auch so belassen und sich nicht erst einer Religion anschließen. Es ist aber wichtig, das Wesen von Mitgefühl zu begreifen, weil es eine grundlegende und notwendige menschliche Eigenschaft ist.

Glück bzw. Glücklichsein ist geistig-seelischer Art. Maschinen können uns dieses Gefühl nicht vermitteln, noch können wir es uns kaufen. Geld und Reichtum sind nur untergeordnete Quellen des Glücks und keinesfalls das Glück selbst, sie sind nicht Mittel für unmittelbares Glück. Glück kann sich nur in uns selbst entwickeln; kein Mensch kann uns das Glück als solches in die Hand geben. Die entscheidende Quelle ist innere Ruhe und Ausgeglichenheit oder seelischer Friede. Es hängt nicht von äußeren Bedingungen ab. Es spielt auch keine Rolle, ob uns hochentwickelte technische Mittel zur Verfügung stehen, wir eine gute Ausbildung genossen haben oder ein sozial und materiell erfolgreiches Leben führen; entscheidend ist unser inneres Selbstvertrauen.

Interesse und Achtung für andere und menschliche Zuneigung sind äußerst wichtige Faktoren für unser Glück. Mitgefühl gibt uns die innere Kraft, ein Gefühl von innerem Wert.

Wir sollten versuchen, gute und warmherzige Menschen zu werden, ob wir nun Polizist, religiös, Geschäftsmann oder was auch immer sein mögen. Auch das jeweilige einzelne Verhalten kann dazu beitragen, dass Familien und Gemeinschaften glücklicher werden.

Die Vielzahl der Religionen entstanden zu unterschiedlichen Zeiten und an verschiedenen Orten. Für mich gilt, dass die vielfältigen Religionen auf ihre jeweilige Art die guten menschlichen Eigenschaften verstärken, die negativen dagegen abschwächen. Alle größeren Weltreligionen haben, was Liebe und Mitgefühl angeht, dieselbe Botschaft, obwohl sich ihre Ausdrucksformen sehr weit voneinander unterscheiden mögen. Sie alle erkennen, wie wichtig Liebe und Vergebung sind, und haben das Potenzial, gute menschliche Eigenschaften zu entwickeln und zu verstärken.

Über die Jahrhunderte hinweg haben die unterschiedlichen Religionen Millionen von Menschen beträchtlichen Nutzen gebracht. Und deshalb ist es umso mehr zu bedauern, dass die vielen Glaubensgruppen Streit, Unruhe und Uneinigkeit hervorrufen. Wenn wir jedoch bei näherer Betrachtung dieser verschiedenartigen Religionen ihr großes Potenzial erkennen, gute Menschen bilden zu können, dann haben wir allen Grund, allen Religionen ausnahmslos unseren Respekt zu zollen.

Es gibt zwei Gruppen von Religionen. Eine Gruppe nenne ich „theistische Religionen“, wie zum Beispiel das Christentum, den Islam, das Judentum und den Hinduismus. Diese Glaubensgemeinschaften zeichnen sich durch einen grundlegenden Glauben an Gott aus. Die andere Gruppe nenne ich „Religionen ohne Gott“, zu der der Buddhismus, der Jainismus und die Sankhya-Philosophie (ein älterer hochentwickelter Teil des Hinduismus) gehören. Sie glauben, dass es keinen Gott, keinen Schöpfer und keinen allmächtigen Geist gibt; letztlich ist man sein eigener Schöpfer.

Hauptsächlich der Buddhismus geht in seinem Glaubensfundament davon aus, dass es keine unsterbliche Seele und kein ewiges Ich gibt. Dieser Grundsatz unterscheidet den Buddhismus von allen nicht-buddhistischen Glaubensrichtungen. Innerhalb des Buddhismus gibt es aufgrund ihrer jeweiligen Zielsetzung zwei sich klar voneinander unterscheidende Ausrichtungen, und zwar *Hinayana* und *Mahayana*. Die erstere konzentriert sich vermehrt auf das eigene Selbst und die Erlösung *(Moshka)* des Einzelnen durch entsprechendes moralisches Verhalten und das Zusammenführen von Geist und Seele. Dagegen rückt die andere *(Mahayana)* vom Einzelnen ab und betont die Wichtigkeit, dass man sich um das Wohl aller Lebewesen kümmern und die sechs oder zehn Paramitas üben soll, um als Ziel Buddhaschaft erreichen zu können. Dies wird auch der *Bodhisattvayana*, der Weg des Bodhisattva genannt

Auf der Basis philosophischer Grundsätze gibt es vier verschiedene „Schulen des Denkens" – *Vaibhashika, Sautrantika*, *Cittamatra* und *Madhyamika*. Der Wesenskern buddhistischen Verhaltens besteht laut dieser vier Schulen in Gewaltlosigkeit *(Ahimsa)*. Wodurch ist die große Bedeutung der Gewaltlosigkeit bedingt? Durch das Prinzip der Interdependenz, der gegenseitigen Abhängigkeit: alle Dinge sind aufeinander bezogen und miteinander verbunden. Das Überleben, wie auch das Glücklichsein hängt von vielfältigen Faktoren ab. In ähnlicher Weise gilt das auch für Schmerz und tragische Lebensumbrüche. So wie wir um unser eigenes Glück, Wohlergehen und die Ereignisse in unserem Leben besorgt sind, genauso sollten wir die Gründe und Bedingungen für ihr Zustandekommen beachten.

Kern buddhistischer Lebensphilosophie und des davon abgeleiteten Verhaltens besteht in Gewaltlosigkeit und dem

Grundsatz gegenseitiger Abhängigkeit. Gewaltlosigkeit beinhaltet zwei Aufforderungen oder Weisungen: Wenn man kann, soll man anderen helfen und ihnen von Nutzen sein. Wenn man dazu nicht in der Lage ist, dann soll man zumindest anderen keinen Schaden zufügen.

Das Prinzip der Interdependenz wird je nach unterschiedlichen philosophischen Grundsätzen verschieden interpretiert. Einer dieser Grundsätze besagt, Interdependenz bedeute, dass alle konkreten Erscheinungen durch Ursachen bedingt sind. Daraus lässt sich folgern, dass es keinen Schöpfer gibt; Dinge hängen von ihren eigenen Ursachen ab, wobei diese Ursachen wiederum ihre eigenen anderen Ursachen haben, ohne dass es dafür einen gesonderten Anfang gibt. Alles verändert sich aufgrund dieser Ursachen und Bedingungen. Neue Umstände rufen neue Ereignisse hervor; und diese wirken erneut als Ursache und bewirken etwas anderes und Neues. Dies ist der „Prozess des Entstehens im Gefüge von Abhängigkeiten", was auf Sanskrit *Pratityasamutpada* heißt.

Die Vorstellung der Interdependenz wird von allen buddhistischen Schulen geteilt, wobei die Interdependenztheorie in der *Madhyamika*-Philosophie die gegenseitige Abhängigkeit aller Elemente oder Teile in Gegenständen und Phänomenen betont. Zum Beispiel hat ein Objekt verschiedene Teile in dem Sinne, dass es in seiner äußeren Gestalt verschieden ausgerichtet ist: es kann zum Beispiel eine Kugel oder ein Kubus sein. Wenn es ohne Gestalt ist – wie das Bewusstsein –, dann bedeutet Teile zu haben, dass es unterschiedliche Ebenen von Kontinuität, Prozess oder Veränderung aufweist. In ähnlicher Weise kann der Raum als ein „Objekt" betrachtet werden, das seinen Ursprung in verschiedenen gegenseitigen Abhängigkeitsrelationen hat bzw. sich aus seinen unterschiedlichen Bezügen zu anderen Gegenständen heraus konstituiert; und wir können uns einen bestimmten begrenzten Raum denken, der sich durch Bezüge zu bestimmten Gegenständen und Ausrichtungen auszeichnet („der Raum, der sich von hier, diesem Gegenstand, nach dort, zu jenem Punkt ausstreckt").

Der Ursprung der Dinge aufgrund gegenseitiger Beziehungen ist also nicht nur als Prinzip von Ursache und Wirkung zu sehen, sondern auch auf der Ebene der gegenseitigen Relationen der Teile untereinander.

Eine noch weiter differenzierte Betrachtungsweise von dem, was wir unter Abhängigkeitsbeziehungen der Dinge untereinander verstehen können, wird mit der Bezeichnung „das Entstehen der Dinge durch Bezeichnung und Zuschreibung" umrissen. Wenn wir zum Beispiel herausfinden wollen, woraus eine Blume tatsächlich besteht und sie sehr detailliert in ihre Komponenten zergliedern, hört die Blume auf, die Blume zu sein, wie wir sie normalerweise kennen. Durch eine weitergehende Analyse der kleinsten Bestandteile wird uns - wenn auch vielleicht erst im Nachhinein - klar, dass, wenn wir etwas mit einer Bezeichnung versehen, diese Bezeichnung nicht willkürlich geschieht, sondern aufgrund der Konvergenz bestimmter Einzelteile oder Substanzen, d.h. wir erkennen, dass die Elemente in einer ganz bestimmten Hinsicht zugeordnet sind, sich aufeinander beziehen oder gegenseitig beeinflussen. Diese einzelnen Teile treten gleichsam zusammen, um gemeinsam als eine Einheit zu funktionieren, der wir dann einen besonderen Namen geben. Wenn wir erforschen wollen „Wer bin ich?", werden wir sicherlich kein von diesem bestimmten Körper, diesem Hirn und Geist, diesen Erfahrungen losgelöstes Ich finden. Dringt man in den Untersuchungen weiter vor, um zum letzten Wesenskern des Ich zu gelangen, findet man gewiss keine unabhängige Identität des Ich. Im Allgemeinen geben wir der Kombination von Körper und Geist eine Bezeichnung und sagen: „Dies ist ein Mensch oder ein menschliches Wesen". Dieses tibetische Fleisch zusammen mit einem Geist von Amdo nennen wir „Dalai Lama, Tenzin Gyatso". Wenn, nach unzähligen zergliedernden Analysen, wir jedoch endlich auf den Dalai Lama treffen wollen, können wir ihn nicht finden.

Ähnlich verfahren wir mit den Begriffen „Vergangenheit", „Gegenwart" und „Zukunft". In gewisser Weise ist die Vergangenheit bloß Erinnerung und die Zukunft nur ein Gedanke, ein Plan oder eine Idee. Die Gegenwart ist tatsächliche Wirklichkeit. Nur, was ist die Gegenwart? Wenn wir von dem Zeitpunkt, zu dem ich dies sage, als „Gegenwart" ausgehen, dann ist jetzt 1992, heute der 15. Februar und die siebte Woche des Jahres. Wir können zwar die „Gegenwart" weiter einengen auf die Stunde, die Minute, die Sekunde, den Bruchteil einer Sekunde – doch schon hört dieser Teil auf, die „Gegenwart" zu sein. Es ist nur dieser eine Moment. Die Vergangenheit ist vorbei, die Zukunft steht danach noch aus. Es gibt nicht die gesonderte Gegenwart, aber ohne die Vorstellung von Gegenwart können wir „Vergangenheit" und „Zukunft" nicht für uns als solche identifizieren. Zeit vergeht und geht weiter ohne Unterlass, sie schreitet immer weiter voran. Man sieht, dieser Komplex ist sehr verwirrend.

Soviel zur äußeren Zeit. In unseren inneren konkreten Erfahrungen gibt es, so glaube ich, keine Vergangenheit und keine Zukunft – nur die Gegenwart oder Gegenwärtiges. Aber wenn es weder Vergangenheit noch Zukunft gibt, kann es auch keine Gegenwart geben, da die Gegenwart ausschließlich auf der Vergangenheit beruht und die Zukunft auf der Gegenwart. Dies ist ein Naturgesetz. Anderweitig kann es keine Zeit geben. Wenn wir „Zeit“ sagen, dann existiert natürlich Zeit, aber eben nicht ohne unsere gedankliche Zuordnung oder Bestimmung, auf deren Grundlage wir ihr dann eine Bezeichnung geben. Zeit kann keinen abstrakten Sinn für uns haben. Auf unserer Suche nach Zeit finden wir tatsächlich nichts; d. h. wir finden letztlich etwas, das aber „leer“ ist.

Dabei ist diese Leerheit jedoch kein bloßes Nichts. Da alles aufeinander bezogen ist, alle Dinge, direkt oder indirekt, untereinander und miteinander verbunden sind, können keine unabhängigen, eigenständigen Identitäten oder eigenständige Gebilde (Entitäten) für sich existieren. Wir wollen das allen Dingen zugrunde liegende Wesen erforschen, und was wir dabei entdecken, ist gerade das Fehlen einer unabhängigen Wesensexistenz; das genau wird unter „leer“ verstanden. Das Fehlen unabhängiger Existenz selbst beruht auf anderen Faktoren.

Ich bin hier, und es handelt sich nicht um einen Traum oder eine Illusion. Dass ich hier bin ist wirklich. Wenn ich mich kneife, nehme ich einen Schmerz wahr, weil ich einen Körper habe. Ich habe einen Zeigefinger und einen Daumen, und sie funktionieren. Also ist schließlich doch etwas vorhanden, was sich aber dennoch von uns in einer absoluten Analyse nicht aufspüren lässt. Anders gesagt, die Leerheit und die Natur der Interdependenz sind die beiden Seiten ein und derselben Münze.

Der Buddha lehrte zuerst die *Vier Edlen Wahrheiten*: Das Leiden, die Ursache des Leidens, die Beendigung des Leidens und der auf dieser Grundlage wahre Weg. Er lehrte sie, weil Leiden nicht ohne Ursache ist, und wir nicht leiden wollen. Er sprach über den Ursprung allen Leidens und lehrte uns, das Leiden mit seinen Ursachen auf den verschiedenen Ebenen zu identifizieren.

Unser Ziel ist Glück, das wiederum durch seine eigenen Ursachen bedingt ist. Es kann vorübergehend oder von Dauer sein. Dauerhaftes Glück ist wichtiger, weshalb der Buddha die *Dritte Edle Wahrheit* lehrte - die der völligen Überwindung aller Leiden: Das Ende des Leidens ist die Verwirklichung des *Nirvana* oder das Erlangen seligen Glücks. Er sprach auch von den notwendigen Mitteln und dem wahren Pfad, auf dem man dieses Ziel erreicht.

Die *Vier Edlen Wahrheiten* erläutern, was Glück ist und worin Leiden und seine Ursachen bestehen. Der Zweck unseres Lebens liegt im Glück. Von Geburt an haben wir ein Anrecht darauf, glücklich sein zu dürfen, wobei sich beständiges Glücklichsein in uns selbst entwickeln muss; niemand kann es uns geben, und äußere Faktoren dürfen nicht verantwortlich gemacht werden. Wir müssen es durch unsere eigene innere Entwicklung erreichen. Wie kann man die *Vier Edlen Wahrheiten* in das tägliche Leben integrieren? Zunächst muss man wissen, was Geist ist. Manchmal haben Menschen den Eindruck, als ob der Geist eine unabhängige selbständige Einheit ist, losgelöst vom Körper. Aber ein Geist dieser Art existiert nicht. Wir können kein unabhängiges „Ich“ außerhalb unseres Körpers finden. Für Buddhisten ist ein eigenständiges „Ich“, eine unsterbliche Seele nicht akzeptabel. Da jedoch der Geist von diesem Körper abhängig ist, sprechen wir ganz folgerichtig von ihm als einem menschlichen Geist. Wäre der Geist ein ungebundenes Wesen und hätte nichts mit dem Körper zu tun, würde es keine Unterscheidung zwischen dem Geist eines Tiers und eines Menschen geben.

Sobald das menschliche Hirn seine Funktion einstellt, hört auch der menschliche Geist auf zu existieren. Wenn dem so ist, was hat es dann mit der Theorie oder Vorstellung der Wiedergeburt auf sich? Der Geist entwickelt und entfaltet sich auf der Grundlage von Ursachen und Bedingungen, die sowohl unmittelbar wie auch mittelbar wirksam sind.

Zum Beispiel ist der Geist, der eine Blume wahrnimmt, von vielen Bedingungen abhängig. Eine davon ist das Auge. Ohne dieses Organ wären wir nicht in der Lage, die Blume wahrzunehmen, selbst wenn wir ein Bewusstsein von ihr hätten oder sie vor uns stünde. Andererseits könnten der Geist und das Auge allein ohne das Vorhandensein dieser Blume kein Bewusstsein von ihr entwickeln. Und wären eine Blume und ein gesundes Auge vorhanden, ein Geist jedoch nicht, könnte man sich wiederum nicht dieser Blume bewusst werden.

Das Bewusstsein oder der Geist ist nichts anderes als eine subtile Energie, über die man gewiss viele Überlegungen anstellen könnte. Aber dabei ist ihr Wesen einfach hell und leuchtend. Das tibetische Wort *Shepa* bedeutet „(sich) eines Gegenstandes bewusst sein". Neben dem menschlichen Hirn gibt es also Bedingungen, tiefer gehende und subtilere Ursachen des menschlichen Bewusstseins, ohne die sich der menschliche Geist nicht entwickeln kann. Diesen Komplex nennen wir das klare unverfälschte Licht, den inneren subtilen Geist.

Einen Eindruck davon erhalten wir, wenn wir uns klar machen, dass, wenn wir in diesem Moment unsere Sinnesorgane verwenden, dies auf einer einfachen, vordergründigen Ebene geschieht. Wenn wir jedoch träumen, dann sind bestimmte Organe inaktiv oder in ihrer Tätigkeit eingeschränkt, aber zugleich befinden wir uns auf einer intensiveren mentalen Stufe. Und in einem tiefen traumlosen Schlafzustand erreicht unser Geist seine größte Vertiefung.

Ein weiteres Merkmal dieses subtilen Geistes kann man erkennen, wenn Ärzte den Tod einer Person feststellen, aber der Leichnam über mehrere Tage ohne Zeichen von Verwesung liegen bleibt, in manchen Fällen sogar über Wochen. Weil der innerste subtile Geist immer noch im Körper anwesend ist, funktioniert der Geist weiterhin; in einem tieferen Sinn hat also dieses Geistwesen den Körper noch nicht verlassen. Der „Besitzer" dieses Körpers, die kontrollierende Macht oder Instanz, ist immer noch anwesend, weshalb der Leichnam noch nicht zu verwesen begonnen hat. Aus einer konventionellen bzw. medizinischen Sicht ist der Körper als tot zu bezeichnen.

So weit ich weiß, hat es in Indien während der vergangenen dreißig Jahre mindestens zehn oder fünfzehn solcher Fälle gegeben. Mein Hauptlehrer blieb, nachdem er für klinisch tot erklärt worden war, noch für rund dreizehn Tage im Zustand des hellen klaren Lichts. Aufgrund solcher Vorkommnisse glauben wir daran, dass es eine sehr tiefe, weitreichende Erinnerung an vergangene Leben gibt. Unter gewissen Bedingungen kann man mit Hilfe dieses mächtigen Lichts Reflektionen über in der Vergangenheit liegende Erfahrungen anstellen. Einige Praktizierende können sich in ihrer Meditation so tief versenken, dass das äußere Bewusstsein oder die sinnlichen Wahrnehmungstätigkeiten für längere Phasen innehalten. Die Meditierenden sind dann in der Lage, sich an vergangene Lebenszyklen zu erinnern, die hundert Jahre zurückliegen, und in manchen Fällen sogar an Ereignisse, die vor hunderten von Jahren stattfanden.

Für uns besteht die Erklärung darin, dass der innerste, subtile Geist immer anwesend ist. Obwohl er sich jeden Augenblick immer erneut ändern kann, bleibt er beständig und ewig bestehen. Es gibt also zwei Ebenen des Geistes: die eine, „gröbere", vordergründige ist völlig mit dem Körperlichen verbunden, wohingegen der subtilste Geist immerwährend ist. Auf dieser Grundlage findet die Wiedergeburt statt.

Das Wesen des Geistes ist letztendlich neutral. Es kann durch positive wie auch negative Emotionen beeinflusst werden. Nehmen wir als Beispiel Menschen mit aufbrausendem oder cholerischem Temperament. In meinen jungen Jahren konnte ich schnell jähzornig werden, doch hielt diese Stimmung nie länger als vierundzwanzig Stunden an. Wenn negative Emotionen der Wesenskern unseres Geistes sind, dann bleibt der Zorn zwangsläufig so lange bestehen, wie auch Funktion und Tätigkeit des Geistes andauern, heißt es. Dies muss jedoch nicht immer so bleiben. Genauso wenig sind positive Gedanken wesentlicher Teil des Geistes. Der Geist ist etwas Neutrales und spiegelt alle Arten unterschiedlicher Erfahrungen und Erscheinungen.

Es fragt sich darüber hinaus, wo eigentlich die Trennungslinie zwischen positiven und negativen Gedanken zu ziehen ist. Es gibt keine absolute, sondern nur eine relative Trennung. Die Emotionen wie Mitgefühl, Liebe und Weisheit, die ein Glück bewirken, das Zufriedenheit schenkt, beständig und dauerhaft ist, sind positiv. Diese Gefühle erachten wir deshalb als positiv, weil wir das dadurch geschaffene Glück als etwas Positives ansehen, das es auf alle Fälle zu erreichen gilt. Alles, was uns in dieser Hinsicht unterstützt, ist für uns positiv. Die positiven Gefühle werden uns schließlich in glücklichere Menschen umwandeln, die für ihre Mitmenschen zuverlässig und vertrauenswürdig sind. Man muss aber weiterhin beachten, dass wir die Gefühle zwar als positiv erachten, sie jedoch nicht als solche unmittelbar und absolut identifizieren können. Alle schätzen diese Gefühle aufgrund ihrer positiven Wirkung, und deshalb sind sie für uns positiv.

Obwohl positive und negative Gefühle beide gleich mächtig sind, treten die negativen Gefühle gewöhnlich ohne bestimmten Grund auf und sind daher auch einfach nur Gefühle. Wenn wir objektiv Sinn und Zweck von Zorn, Hass, Eifersucht, Zweifel, Argwohn oder Furcht untersuchen, erkennen wir, dass diese Gefühlsmomente jeder tieferen Grundlage entbehren. Umgekehrt sind Liebe, Mitgefühl und Vergeben tief begründet und haben eine sinnvolle Basis. Von einem buddhistischen Standpunkt her gesehen, und vor allem in der *Madhyamika*-Philosophie, sind die negativen Gefühle durch Unwissenheit bzw. Naivität bedingt.

Unwissenheit bezeichnet ein Bewusstsein, das die Gegenstände in ihrem Wesen so auffasst, als ob sie unabhängig nur auf sich selbst bezogen existierten. Es ist offensichtlich, dass, wenn sich bestimmte negative Gefühle entwickeln, der Gegenstand, auf den sich unsere negativen Gefühle richten, selbst als etwas absolut Negatives erscheint. So lange dieses negative Gefühl besteht, so lange ist auch der (so empfundene) Gegenstand absolut negativ. Sobald sich das negative Gefühl abschwächt, wird auch unser Eindruck von der Welt, bzw. unsere Sicht auf diese insgesamt positiver. Dies zeigt, dass negative Emotionen nur aufgrund von Unwissenheit entstehen können, was übrigens für alle negativen Gefühle schlechthin gilt.

Diese Unwissenheit oder falsche Vorstellung von Wirklichkeit kann, so mächtig sie auch sein mag, beseitigt werden. Durch genauere Betrachtungen und Meditationen können wir ein tieferes Verständnis entwickeln. Als Folge davon wird das Negative begrenzt und schließlich völlig aufgelöst. Dass wir dies herbeiführen können, ist ein weiteres Merkmal unseres Geistes.

Uns allen wohnt ein tiefer Wunsch nach Glück inne. Glück und Unglück hängen eng mit positiven und negativen Gefühlen zusammen. Das grundlegende Wesen unseres Geistes ist völlig rein, wodurch zugleich die Möglichkeit gegeben ist, die negativen Gefühle zu überwinden, die positiven dagegen zu fördern und daher in einem weiteren Schritt das Leiden aufzulösen. Buddha führte dies in seiner *Zweiten Edlen Wahrheit* näher aus. Darin erklärte er, worin *Karma* und negative Gefühle bestehen, die wahren Gründe für das Leiden, wobei dieses Leiden als „verunreinigtes" *Karma* oder „verdorbener" Geist dargestellt wird. Um die *Zweite Edle Wahrheit* wirklich begreifen zu können, muss man erfasst haben, was das Ende des Leidens tatsächlich bedeutet, was in der *Dritten Edlen Wahrheit* zum Ausdruck kommt.

Buddhas erste Rede stellt die *Vier Edlen Wahrheiten* vor, in der zweiten geht er näher auf die *Dritte Edle Wahrheit* ein. In seiner dritten Rede gibt er eine tiefgehende Darstellung der Natur des Geistes in Zusammenhang mit der *Vierten Edlen Wahrheit*, wo es um beides, die Überwindung negativer Emotionen und das Erreichen dauerhaften Glücks geht: *Nirvana*.

Erst wenn man das Ziel erkannt hat, ist man auch in der Lage, durch Üben des Geistes negative Gefühle auszuschalten. Damit unsere Bemühungen nicht nachlassen oder ermüden, brauchen wir Entschlossenheit, die wiederum leichter fällt, wenn wir erst einmal – und das ist außerordentlich wichtig – begriffen haben, was Leiden bedeutet. Gibt es eine Möglichkeit, das Leiden zu überwinden und steht uns das Ziel klar vor Augen, dann ist es wichtig, tief nachzudenken und das Leiden zu verstehen. Je mehr wir erkennen, umso eher werden wir zu einer aufrichtigen Entschlossenheit gelangen, die uns dieses Leiden überwinden hilft.

Aus diesem Grund wurde auch die Bedeutung der Entsagung betont. Es gibt zwei Ebenen bei der Geisteshaltung der Entsagung: die Entsagung in Bezug auf die Genüsse in diesem Leben und die Entsagung in Bezug auf die kommenden nächsten Leben. Wenn wir uns zum Beispiel die Leiden der sechs samsarischen Bereiche vergegenwärtigen und sie in ihrer ganzen Dimension bedenken – das Leiden der Menschen, der Tiere und so fort, und ebenso das Leiden des Alters, der Krankheit, des Todes usw. –, fällt es uns leichter, Entsagung üben oder uns vom Kreislauf von Existenz und *Samsara* befreien zu wollen.

Um auf die Annehmlichkeiten und die materiellen Dinge des nächsten Lebens mit ganzem Herzen verzichten zu wollen bzw. zu können, muss man zuerst begreifen, was die Leiden der Wiedergeburten auf niedriger Ebene bedeuten. Daneben gibt es aber noch einen weiteren praktischen Grund – nämlich das absolute Ziel der Buddhaschaft, das wir durch Meditation und bestimmte andere Übungen erreichen können. Man kann unter Umständen ganze Zeitalter, hundert oder tausend Jahre dazu benötigen. Das heißt also, um kontinuierlich weiter auf hohem Niveau geistige Übungen ausführen zu können, müssen wir uns unbedingt eine „gute" Wiedergeburt im nächsten Leben sichern. Auch wenn unser entscheidendes Ziel in der Buddhaschaft besteht, sollten wir aus praktischen Gründen unterdessen unsere zukünftigen Leben nicht vernachlässigen. Demnach müssen wir, während wir langfristig unser Ziel verfolgen, uns auf die Buddhaschaft vorzubereiten, ebenso für die unmittelbaren Notwendigkeiten Sorge tragen.

Hat man sich einmal zur Entsagung von den angenehmen Dingen (und den Abhängigkeiten davon) in diesem Leben durchgerungen, denkt man natürlich allzu leicht an die Freuden und schönen Dinge, die man dafür dann im nächsten Leben erwartet bzw. sich wünscht. Diese geistig jetzt schon vorgenommene Bindung an das nächste Leben muss ebenfalls allmählich aufgegeben werden durch das Ausüben der *Zehn tugendhaften Handlungen* und das Unterbinden der *Zehn untugendhaften Handlungen*. Diese fallen unter den ersten Teil der Lam-rim-Lehren, die zumeist einfachen Menschen erteilt werden.

Für die Entwicklung eines stärkeren Selbstbewusstseins und Selbstvertrauens ist es hilfreich, über die Kostbarkeit einer Geburt als Mensch nachzudenken und zu meditieren. Mit Hilfe des menschlichen Körpers und unserer Intelligenz können wir sehr viel vollbringen, wenn wir uns nur genügend anstrengen. Auf dem *Bodhisattvayana* finden wir Lehren über die Buddha-Natur, auch *Sugatagarbha* oder *Tathagatagarbha* genannt. Dieser Zustand der Erleuchtung, diese absolute Natur, die jedes Wesen besitzt und in sich trägt, zeigt, dass in uns das Potenzial steckt, negative Emotionen zu überwinden.

Indem wir entlang dieser eben skizzierten Richtung denken, entwickeln wir Selbstvertrauen. Viele Menschen, besonders im Westen, besitzen keine hohe Selbsteinschätzung oder -achtung. Meiner Meinung nach ist dies sehr gefährlich und auch dumm. Wir haben einen Körper, unser Hirn und ein gewisses Maß an Klugheit. Wenn wir, unterstützt durch Meditation und selbstloses Verhalten, einen ernst gemeinten Versuch machen, ist es uns möglich, unseren Geist oder unsere Haltung weiterzuentwickeln; im Laufe der Zeit und mit nicht nachlassender Bemühung kann er sich ändern. Indem wir uns immer wieder die Aspekte des Positiven und Negativen vergegenwärtigen, ändern sich nach und nach die Dinge und Verhältnisse. Selbstvertrauen und -achtung, ob im religiösen oder weltlichen Bereich, sind sehr wichtige Faktoren.

Mitgefühl wird in diesem Zusammenhang zu einem entscheidenden Faktor. Eine von mehr Mitgefühl geprägte Haltung öffnet automatisch eine Art innerer Tür, womit es sehr leicht wird, mit den Mitmenschen zu kommunizieren, und auf eine etwas andere Weise mit Tieren und Insekten. Wenn unsere eigene Haltung offen ist und wir nichts zu verbergen haben, wird damit sofort eine Basis für mögliche Freundschaft gelegt. Eine negative Kraft wie Furcht zum Beispiel schließt diese Tür sogleich. Wahre und tiefe Freundschaften zu entwickeln ist sehr schwierig und gelingt nur, wenn man selbst die Grundlagen dafür schafft. Wenn man ohne Argwohn und Hinterlist lächelt, wird man zur Antwort wahrscheinlich ebenfalls ein offenes Lächeln erhalten.

Negative Gefühlsmomente ersticken diese Möglichkeit, denn man isoliert sich dadurch selbst von der menschlichen Gemeinschaft, wobei sich als Resultat Ablehnung, Einsamkeit, Furcht, Zweifel, Hoffnungslosigkeit und Depressionen einstellen. Mitgefühl dagegen gibt uns innere Kraft. Es öffnet unsere „innere Tür“ und ebnet den Weg für bessere Erfahrungen.

Die im Buddhismus vertretene Ansicht, dass dieses Leben und dieser Körper einen hohen Wert besitzen, ist wichtig für die Entwicklung des Selbstvertrauens; daneben geht der Buddhismus ebenfalls sehr auf die Vergänglichkeit ein, die auch hier ihre Relevanz hat.

Ich möchte an dieser Stelle erwähnen, dass Menschen irrtümlich sehr oft davon ausgehen, egoistische Gefühle oder Haltungen seien schlecht und dass man sein Ego gänzlich ausschalten müsse. Es gibt meiner Auffassung nach zwei Arten von Ego, so wie es zwei Arten des Begehrens gibt. Das Ich-Gefühl, das stark ausgeprägt ist und deshalb die Rechte und Ansprüche anderer übergeht, ist unhaltbar. Dagegen ist der andere Typ von Ich-Gefühl positiv, da es uns in unserem Selbstvertrauen unterstützt und dabei hilft, gute Taten zu verrichten. Die *Bodhisattvas* verfügen in diesem Sinne über ein starkes Ego.

Die letztgenannte Art von Ego entwickelt eine enorme Beharrlichkeit in denen, die dieses Ego haben. Für sie bedeuten Tage, Monate oder Jahre nichts. Sie denken in großen Zeiträumen; nicht in ein oder zwei Zeitaltern, sondern in Millionen, zahllosen Zeitaltern. Eine solch gar nicht vorstellbare Zeit entmutigt sie jedoch nicht, genauso wenig wie sie sich von der grenzenlosen Zahl ihrer Mitmenschen verschrecken lassen. Ihre Entschlossenheit ist gerade darauf gerichtet, etwas für die unermessliche Zahl der Menschen über einen unabsehbaren Zeitraum zu tun. Solche unerschütterliche Entschiedenheit ist nur mit einem in sich festen Ego möglich. Dieses Ego ist positiv, auch notwendig, nützlich, konstruktiv und muss von uns immer wieder neu entwickelt werden.

Das andere Ego, das andere missachtet und Nutzen durch die Ausbeutung anderer gewinnen will, ist negativ und töricht; mit diesem Ego kann man über kurz oder lang nur verlieren und letzten Endes leiden.

Ebenso gibt es zwei Arten von Verlangen. Das eine ist mit einem sinnvollen Ziel verbunden. Dieses Verlangen fördert unsere Entscheidungskraft. Es ist in der buddhistischen

Lehre genau diese Art von geistig-seelischem Verlangen, das uns Buddhaschaft erreichen lässt. Das andere Verlangen, das wahllos dieses und jenes bloß möchte, ist ohne tieferen Sinn und führt sehr oft ins Verderben. Da die buddhistische Philosophie das Verlangen als Quelle von Leiden ausgemacht hat, leiten nun einige Menschen daraus ab, dass deshalb jedes Verlangen abzulehnen sei. Das ist jedoch eine falsche Interpretation.

Die nächste Übung bezieht sich auf Vergänglichkeit. Auch hier treffen wir auf zwei Arten. Die eine wirkt auf der Ebene, auf der Ereignisse, Unglück, Erfahrungen und schließlich auch der Tod angesiedelt sind. Die andere, subtil wirksame Vergänglichkeit ist die des momentanen Wechsels. Die moderne Physik hat dazu viele Erklärungen geliefert. Die Blume vor mir zum Beispiel verändert sich auf sehr subtile Art, sie wandelt sich wellenförmig, so wie Energie. Dies ist subtile Vergänglichkeit.

Sich mit der Vergänglichkeit auseinander zu setzen ist wichtig und nützlich, weil man damit auch begreift, dass sie aus sich selbst heraus geschieht. Der Zerfall von Dingen oder die Auflösung von Erscheinungen ist in ihrem Wesen nicht erst auf besondere zusätzliche Ursachen oder Bedingungen angewiesen. Da Dinge ihrem Wesen nach aufgrund ihrer eigenen, ihnen innewohnenden Ursachen entstehen – also selbstverursacht sind –, ist auch Vergänglichkeit und Wandel ihr integraler Teil.

Nehmen wir unseren Körper oder unser Leben zur Anschauung. Aus buddhistischer Sicht kann es kein dauerhaftes Glück geben, solange alles durch Unwissenheit beeinflusst, gesteuert oder regiert wird. Wenn Unwissenheit beseitigt wird, ist *Nirvana* erreicht. Solange derselbe Geist von Unwissenheit geprägt ist und diese Situation andauert, solange bleibt auch *Samsara* bestehen. Ist Unwissenheit verschwunden, hört auch Leiden auf; darauf beruht *Moksha* oder Befreiung. *Moksha* ist jedoch kein äußerer Zustand oder einfach Glückseligkeit. Es stellt eine innere Qualität dar. Dieses Bewusstsein von einer subtileren Ebene der Vergänglichkeit unterstützt den Willen oder die Entschlossenheit, sich befreien zu wollen. Wenn wir über die unterschiedlichen Formen der Vergänglichkeit nachdenken, begeben wir uns auf diese Weise auf die zweite Stufe der Meditation auf dem Weg zur Erleuchtung. Indem wir uns über die Bedeutung der physischen Vergänglichkeit Gedanken machen, entsteht in uns der starke Wunsch, etwas Besseres im kommenden Leben zu schaffen. Durch das Nachdenken über die tief unter der Oberfläche liegende Vergänglichkeit wird der Wunsch stärker, *Nirvana* erreichen zu wollen.

So wie wir uns um unseretwillen bemühen, Wege zur Überwindung des Leidens und zur Verwirklichung von *Nirvana,* zur Befreiung und zum Zustand vollkommener Glückseligkeit zu finden, so wenden wir unsere Gedanken anderen zu und bemühen uns um das Wohlergehen anderer Lebewesen und denkend darüber nach, wie ihre Leiden überwunden werden können. Wir entwickeln somit Altruismus und den Wunsch, die Erleuchtung zum Wohle anderer zu verwirklichen. Diese Motivation ist *Bodhicitta* – nämlich die Beharrlichkeit, die notwendig ist, wenn wir Buddhaschaft erreichen wollen.

Es ist wunderbar, dass der menschliche Geist diese Art von Entschlossenheit und festem Willen entwickeln kann. Wenn man einmal eine solche großartige Geisteshaltung – *Bodhicitta* – entwickelt hat, gleichgültig in welchem religiösen Kontext, wird man couragiert, warmherzig und ein wertvolles Mitglied der Gesellschaft. Aus Sicht der buddhistischen Religion ist *Bodhicitta* eine so wunderbare Eigenschaft, da durch seine Entwicklung alles Negative gereinigt und alles Positive verstärkt wird. Wenn man diese höchste Geisteshaltung erlangt hat, sichert diese eine gute Wiedergeburt oder einen guten Weg in die Zukunft. In anderen Worten bereitet sie uns für die Reise auf dem Pfad der Erleuchtung vor.

Nach der Entwicklung dieser inneren Entschlossenheit kommt die Praxis der zehn *Paramitas* oder Vollkommenheiten, wie Großherzigkeit, Moral, Geduld, Anstrengung, Konzentration und Weisheit. Unter den zehn *Paramitas* sind dies die sechs Haupt-*Paramitas.*

Das also ist der Weg der *Mahayana-Bodhisattva*-Praxis. Zusätzlich dazu gibt es die *Tantrayana*-Praxis. Wenn wir die *Mahayana*-Praxis mit *Tantrayana* ergänzen, dann gibt es im *Tantra* noch *Kriya Tantrayana*, *Carya Tantrayana*, *Yoga Tantrayana* und *Maha-Anuttara Yoga Tantrayana.*

Im Rahmen der tantrischen Lehren ist es sehr wichtig, sich selbst als Gottheit zu visualisieren – nicht als ein vordergründiges Bild, sondern man muss dabei über *Shunyata* oder die Leerheit meditieren; dann verwandelt sich diese Weisheit auf unserer Vorstellungsebene in die Form einer Gottheit, in Buddhas Form. Durch die Konzentration auf die Form Buddhas bzw. Buddhas Körper, reflektiert man zugleich über seine Natur von Leerheit oder Soheit. Die Tiefe der Tantra-Praxis wird durch solche Übungen erreicht. Indem wir über die Natur der Gottheit nachdenken oder meditieren, reflektieren wir zugleich über ihr absolutes Wesen. Auf diese Weise verbindet sich große Weisheit mit Entschlossenheit auf der Grundlage von *Bodhicitta*. So können sich als Folge davon Handlungen, die zum Beispiel von Zorn begleitet sind, manchmal als durchaus nützlich und im

Nachhinein „sinnvoll“ erweisen; das erklärt im Übrigen auch, warum es zornige Gottheiten gibt. Es ist äußerst wichtig, zwischen Ärger und Hass zu unterscheiden, ebenso zwischen Liebe, Mitgefühl und emotionaler Bindung. Soviel zur Tantra-Praxis im Allgemeinen.

Im *Maha-Anuttara Yoga Tantrayana* wird in einer einzigartigen Übung ein Unterschied zwischen der groben, der subtilen und der innersten, subtilen Geistesebene gemacht. Man kann Techniken anwenden, die die grobe, auf Sinnlichkeit gerichtete Geistesebene neutralisieren, so dass dann die im Innersten gelegene, subtile Geistesebene aktiv wird. Daran anschließend wird der subtile Geist in Weisheit transformiert, die viel wirksamer ist und höhere Potenz hat als die Weisheit oder Erkenntnis, die wir auf der Ebene des groben, sinnlichen Geistes und seiner Kategorien gewinnen. Darauf beruht das *Maha-Anuttara Yoga Tantrayana*-Prinzip. Im tibetischen Buddhismus kombiniert man die Grundlehren der *Vier Edlen Wahrheiten* mit *Bodhicitta* und *die Sechs Paramitas* mit dem Gottheiten-Yoga und bestimmten Arten von Yoga Übungen. Zuerst legt man das Fundament und baut dann darauf auf, um den höchsten Punkt der Übung zu erreichen. Dabei muss man wissen, dass man auch ohne *Tantrayana* oder *Bodhicitta*, sondern nur mit der Anwendung der *Vier Edlen Wahrheiten* Befreiung erlangen kann. Auf der anderen Seite ist es unmöglich, nur die *Zehn Paramitas* oder das *Tantrayana* ohne die Übungen der *Vier Edlen Wahrheiten* als Grundlage auszuführen.

Ohne *Tantrayana*, sondern nur mit *Sutrayana* können wir Übungen ausführen und zufriedenstellende Ergebnisse erhalten. Aber umgekehrt - durch das Ausüben von *Tantrayana* ohne die Basis des *Sutrayana* - wird man keinesfalls irgendwelche befriedigenden Resultate erwarten können. Die Lehren bilden das Erdgeschoss, es folgen dann die erste und die zweite Etage und so fort, wie bei einem Gebäude. Ohne das Fundament oder das Erdgeschoss lässt sich unmöglich die erste Etage bauen.

Es ist nicht unwesentlich, sich dies einmal klar gemacht zu haben, weil viele Menschen manchmal ungeduldig werden und Buddhaschaft sofort ohne Beachtung der *Vier Edlen Wahrheiten* oder der *Sechs Paramitas* erreichen wollen. Gottheiten-Praxis, Mandala und das Rezitieren alleine werden keinen Erfolg bringen. Wir müssen Schritt für Schritt vorgehen.

1992

3. Mitgefühl und Gewaltlosigkeit

Eine umfassende Vorstellung darüber, wie man weltweite Krisen lösen kann oder soll, habe ich nicht – also scheint es besser zu sein, auf einer ganz praktischen Ebene zu sprechen. Neben den Naturkatastrophen gibt es heute von Menschen herbeigeführte Probleme wie zum Beispiel die Ereignisse in Bosnien. In den Tageszeitungen und im Fernsehen können wir verfolgen, wie diese unschuldigen Menschen leiden. Auch in anderen Teilen der Welt sind Totschlag und Mord anzutreffen, sogar von Kindern an Kindern begangener Mord. Manchmal fragen mich Menschen: „Was ist Ihr Rat oder welchen Vorschlag haben Sie?“, worauf ich gewöhnlich antworte, dass ich keine rechte Idee habe. Diese Probleme sind meiner Meinung nach Folge langwährender Nachlässigkeit und Gleichgültigkeit, denn sie ereigneten sich nicht plötzlich über Nacht. Sie haben ihre eigenen Ausgangsbedingungen und Ursachenketten. Eine Bedingung und Ursache bewirkt eine andere Bedingung und Ursache, und so fort, bis uns die Ereignisse und Dinge aus der Hand gleiten. Die meisten Geschehnisse ergeben sich aus menschlichen Gefühlslagen, die außer Kontrolle geraten sind. Wenn solche Unglücke erst einmal eingetreten sind, ist es schwierig, sie zu bewältigen. Menschliche Gefühle müssen mit Vernunft und Intelligenz verknüpft sein und nicht voneinander getrennt nebeneinander stehen: das bedeutet Intelligenz, zusammen mit menschlicher Güte und Mitgefühl. Es lässt sich schwer sagen, ob bloße Intelligenz zerstörerisch sein kann oder aber positiv und konstruktiv. Intelligenz gepaart mit menschlichem Gefühl kann auf der anderen Seite wunderbare Wirkungen und Ergebnisse herbeiführen. Gewöhnlich setzt die Intelligenz aus, wenn Emotionen außer Kontrolle geraten. Heute haben viele Situationen diesen Zustand erreicht. Wenn wir bestimmte Personen und auch Führer an verantwortlicher Stelle fragen: „Was ist der Zweck und das Ziel dessen, dass ihr euch gegenseitig umbringt?", haben sie vielleicht gar keine klare Antwort. Indem sie töten, lassen sie ihren negativen und blinden Emotionen einfach freien Lauf und verursachen dadurch vielen Menschen schweres Leid. Was können wir also aus diesen Ereignissen lernen?

Wollen wir in Zukunft eine glücklichere Menschheit, eine glückliche Welt, müssen wir das Problem an seiner Wurzel packen. Dabei sind natürlich Wirtschaft und Politik ebenfalls Teil bzw. Ursache dieser Probleme. Der letzte entscheidende Grund liegt aber im Menschen. Jede menschliche Handlung - verbaler oder physischer Art und selbst die kleinen unscheinbaren - haben ihren Grund oder sind durch irgendeine Weise motiviert. Alles beruht letztlich auf unseren Motivationen. Die richtige Motivation oder ihre Entwicklung ist ein nicht zu unterschätzender Faktor.

Daraus folgt, dass, wenn Intelligenz von menschlicher Zuneigung und Mitgefühl begleitet wird - dem also, was ich menschliches Gefühl nenne -, sie sehr nützlich und sinnvoll ist. Das heutige moderne Erziehungssystem legt zuviel Wert und Gewicht auf Wissen und die Schulung des Gehirns und vernachlässigt die geistig-spirituelle Entwicklung. Die Menschen überlassen es zumeist den anderen und den religiösen Einrichtungen, sich darum zu kümmern. Obwohl alle Weltreligionen das Potenzial haben, einen großen Beitrag zur Entwicklung des Guten zu leisten, reicht selbst das nicht aus. Hinzu kommt, dass viele Menschen der Überzeugung sind, dass Religion etwas Altmodisches ist und sich nicht mit der Zeit erneuert und weiterentwickelt hat; zudem verhalten sich religiös geprägte Menschen manchmal selbst ein wenig zu orthodox. Sie stehen ein wenig isoliert vom Rest der Welt und den täglichen Problemen. Und es kommt auch vor, dass viele religiöse Traditionen, und das schließt übrigens die tibetische mit ein, zuviel Wert auf Rituale und Zeremonien legen und dabei jedoch das rechte Verständnis für deren Bedeutung verloren haben. Deshalb sind auch die Beiträge und die Einflüsse der Religionsgruppen so begrenzt. Es ist mehr nötig, als nur den Religionsgemeinschaften die Behandlung moralischer Fragen und Probleme zu überlassen, denn die Probleme sind oft zu gewaltig und die Gruppen, die sie lösen sollen, zu klein und schwach.

Nehmen wir die Vereinigten Staaten oder einige andere Länder als Beispiel. Wir können klar sehen, dass sie mit einer Art innerer moralischen Krise konfrontiert sind. Sie verstärken entweder die Polizei oder greifen zu anderen technischen Hilfsmitteln, um ihre inneren staatlichen und sozialen Probleme zu lösen. Solange keine positive Veränderung in jedem einzelnen Menschen stattfindet oder eine andere Umwandlung eintritt, lassen sich äußere Kräfte und Mächte kaum kontrollieren. Darum trägt jeder Einzelne von uns, als Mitglied der menschlichen Gemeinschaft, Verantwortung und sollte sich verpflichtet fühlen, etwas für die Menschheit zu tun, denn wenn dadurch die Zukunft des Menschen gut, reich und friedvoll wird, werden wir alle einen Nutzen davon haben. Wenn die Menschheit moralisch verkümmert oder gar verkommt, werden Korruption, Ausbeutung, Schikane und Betrug um sich greifen, als dessen Folge die Gesellschaft insgesamt leiden wird.

Mag es auch Gesetze und Regeln in jedem einzelnen Land geben, Menschen mit bösen Absichten werden immer einen Weg finden, sie zu umgehen. Wenn sich moralische Werte einer Gesellschaft und Grundsätze menschlichen Verhaltens ins Negative verkehren, leiden wir alle, jeder Einzelne von uns. Vor diesem Hintergrund wird klar, dass die Intentionen eines Einzelnen in hohem Maße mit den Interessen und Belangen der Gesellschaft verbunden sind. Die Wechselbeziehung ist eindeutig und nicht zu übersehen.

Wir sollten nicht glauben, dass das Problem zu groß, ja überwältigend, der Einzelne dagegen zu klein und schwach ist. „Meine Bemühungen werden bei diesem übergroßen Problem nichts ausrichten können“ ist nicht die richtige Art zu denken oder die Dinge zu sehen. Sicher, das Problem mag groß sein, aber wenn alle Einzelnen Initiative ergreifen, jedes Individuum tätig wird, gibt es eine reelle Aussicht, Dinge ändern zu können. Verharrt aber jeder Einzelne isoliert, verhält sich neutral und gleichgültig und erwartet entscheidende Änderungen von anderen, vom Himmel oder durch bloße Meditation, ist das infantil und lächerlich. Natürlich ist Beten nicht sinnlos und hat auch begrenzte Wirkungen. Die Hauptanstrengung muss jedoch aus uns und von uns selbst kommen. Der Buddha und Gott üben fraglos einen gewissen Einfluss aus, aber im Grunde genommen muss jeder und jede Einzelne von uns sich mit vollem Selbstvertrauen bemühen. Ob wir dabei erfolgreich sind oder nicht, bleibt zunächst offen – es ist nur logisch und allemal wert, einen Versuch zu unternehmen.

Es ist dabei auch nicht von entscheidender Bedeutung, falls wir trotz ständiger Bemühung das erwünschte Ergebnis nicht erreichen sollten, aber zumindest muss man später nicht bereuen, nichts getan zu haben. Treten nämlich unglückliche Ereignisse aufgrund unserer Gleichgültigkeit und Achtlosigkeit ein, ist dies umso schlimmer und bedauerlicher. Deshalb muss jeder Einzelne sein Potenzial erkennen und darf Anstrengungen nicht scheuen.

Den größten Teil meines Lebens habe ich als Flüchtling außerhalb meines eigenen Landes verbracht. Viele Tibeter vertrauen mir, sie haben große Erwartungen, und meine Aufgabe und Verantwortung sind sehr groß. Es gab und gibt immer noch sehr viele Schwierigkeiten. Trotz zahlloser Bedrängnisse und Probleme über diesen ganzen Zeitraum hinweg scheint mir dennoch, dass, wenn ich meine Erfahrungen und Erlebnisse mit denen anderer vergleiche, ich eigentlich ein ganz glücklicher Mensch bin.

Wenn mich schlechte Nachrichten erreichen oder es geschieht etwas Schreckliches oder Tragisches, erlebe natürlich auch ich Momente der Angst, Traurigkeit und Entmutigung, die aber nicht lange andauern. Trotz der gegebenen Umstände bleibt mein Geist relativ stabil und ruhig. Für mich bedeutet das eine große Hilfe und trägt dazu bei, dass meine Intelligenz und Klugheit mich nicht im Stich lassen und ohne größere Störungen normal funktionieren, so dass ich mühelos ruhig schlafen kann. Und da meine geistige Verfassung vergleichsweise ausgeglichen ist, sind auch meine Gesundheit und Verdauung in Ordnung, was mir und meinem Leben insgesamt sehr nützt. Viele Tibeter, die extremen Torturen unterworfen wurden und ihre Familien verloren, konnten ihre geistig-spirituelle Stabilität und innere Ruhe aufrechterhalten. Als wir bei gelegentlichen Zusammenkünften mit Wissenschaftlern, Psychologen, Neurobiologen und Physikern während der vergangenen vier Jahre in diesem Zusammenhang auftretende geistige und spirituelle Probleme diskutierten, waren einige dieser Wissenschaftler von unseren Erklärungen sichtlich überrascht. Nicht wenige Tibeter hatten furchtbar gelitten, aber ihre geistig-spirituelle Verfassung ist dennoch bemerkenswert ruhig und stabil geblieben.

Was ist diese innere Stärke, die uns angesichts großer Schwierigkeiten ruhig und gelassen bleiben lässt? Sie ist nicht Ergebnis von äußeren Faktoren, von Medizin, Spritzen, Drogen oder Alkohol; auch nicht von irgendeiner Art von außen empfangenen Segens. Innere Stärke beruht auf dem richtigen Üben des Geistes.

Gleichgültig ob man gläubig ist oder nicht, durch eine entsprechende Praxis kann man seine innere geistige Haltung und Einstellung zu Dingen und Ereignissen ändern, was dazu führt, dass man ruhiger wird und mehr mit sich in Frieden und Einklang lebt, und damit ist man auch eher in der Lage, heikle und drängende Probleme, ja sogar komplizierteste Dinge zu meistern und zu bewältigen. Zuvor gemachte Erfahrungen und Gespräche mit Fachleuten tragen ebenfalls zu einer einfacheren Behandlung dieser Fragen und Probleme bei. Es besteht demnach kein Zweifel, dass in den Familien, Städten und im internationalen Rahmen Probleme, die ihren Ursprung in menschlichen Handlungen haben, nicht auch wieder gemindert oder gar gänzlich gelöst werden können.

Das öffentliche Erziehungssystem und die Familie sind zwei wichtige Bereiche. Im Erziehungsbereich geht es nicht nur um die Ausbildung intellektueller und rationaler Fähigkeiten, sondern auch um die spirituelle Entwicklung. Spirituelle Entwicklung verstehe ich nicht religiös, sondern einfach in dem Sinn, dass Mitgefühl und Herzensgüte gefördert werden. Ein mitfühlendes Herz bringt automatisch innere Stärke hervor, womit zugleich weniger Raum für Furcht und Zweifel gegeben ist. Mit der Zeit wird man glücklicher und aufgeschlossener und gewinnt dadurch auch leichter Freunde. Betrachtet man Erziehung in Zusammenhang mit der Lehrerrolle, wird deren Aufgabe klar: Lehrer und Lehrerinnen müssen ihren Schülern und Schülerinnen den Wert und die tiefere Wirkung menschlicher Zuneigung und Liebe nachhaltig verdeutlichen – und zwar ganz praktisch durch ihre Verhaltensweisen und Handlungen.

Daneben ist es aber auch wichtig, die Familiengröße durch geeignete Maßnahmen der Geburtenkontrolle zu begrenzen. Es ist unabdingbar, die Familiengröße auf eine geringere Anzahl von Kindern zurückzuführen; nur so viele, dass wir uns um sie zum Wohle aller materiell und spirituell kümmern können. Neben der Erziehung müssen wir ihnen gleichsam den Wert menschlichen Lebens und Liebe näherbringen.

Die Kommunikations-Medien sind ein anderes großes Thema. In unserer „modernen“ Zeit wirken sie nicht immer zum Guten, da sie das Negative betonen; obwohl sie grundsätzlich von Nutzen sind. Das gilt besonders für demokratische Gemeinschaften, in denen sie eine äußerst sinnvolle Rolle spielen. Durch die Freiheit der Presse ist es ihnen möglich, Skandale aufzudecken und Korruption mittelbar einzudämmen. Man muss einen ausgewogenen Blick auf die Medien richten – auf beide, die guten und schlechten Seiten hinweisen. Nur allzu oft beschränken sich Zeitungsberichte auf negative Aspekte des Lebens und der Welt – Morde, Vergewaltigung, Raub und vieles mehr, ohne dabei genügend auf andere, positive Dinge einzugehen, die es ja auch gibt. Es gibt so gut wie keine Reportagen darüber, wie viele Kinder oder Kranke Wohltaten durch menschliche Zuwendung und Liebe erlebt haben. Ein Übermaß an Negativem in der Berichterstattung der Medien lässt in der Öffentlichkeit das - eigentlich falsche - Bild entstehen, dass der Mensch von Grund auf schlecht sei. Das wiederum hat Unbehagen, Argwohn und Mangel an gesundem Selbstvertrauen zur Folge. Beides kann schließlich eine folgenschwere und gefährliche Entwicklung nach sich ziehen. Da die Medien also diese gewichtige Rolle in unserer Gesellschaft spielen, besitzen gerade religiös geprägte Menschen, die in diesem Feld tätig sind, eine große Verantwortung. Unter den verschiedensten Aspekten und in den unterschiedlichsten Berufsfeldern muss die moralische Bedeutung und Wichtigkeit menschlichen Mitgefühls immer wieder neu betont werden. Auch wenn dies sicherlich nicht einfach ist, kann nur so eine bessere Menschheit und eine glücklichere Zukunft ermöglicht werden.

Ich werde nun die Methoden der Ausübung des Buddhismus in Umrissen erläutern. Als Erstes möchte ich hervorheben, wie notwendig und wichtig die Harmonie oder auch Eintracht zwischen den verschiedenen Religionen ist. Trotz aller Unterschiede in ihren Glaubensgrundsätzen besitzen alle Religionen für die Menschen eine ähnliche Botschaft und gleiche moralische Hilfen. Es gibt außergewöhnliche Menschen, die verschiedenen Religionen angehören und in gleicher Weise ihr geistiges und spirituelles Inneres umgewandelt haben - und heute in der Tat die Fähigkeit zu starkem Mitgefühl haben und sehr weise sind. Daraus darf man schließen, dass es allen diesen teilweise grundverschiedenen Traditionen möglich ist, solche tief in das Innere des Menschen eingreifenden Veränderungen herbeizuführen. Ob wir es begrüßen oder nicht, die großen Religionen werden auch in Zukunft, vielleicht immer bestehen. In der Vergangenheit haben Menschen Trost und Hilfe durch die Religionen erhalten, und das gilt wohl auch für die Gegenwart und wahrscheinlich für die Zukunft. Vor diesem Hintergrund wird einsichtig, wie wichtig es ist, dass eine echte Harmonie zwischen den Religionen besteht. Und dies ist auch möglich, da eine gemeinsame Grundlage existiert. Wenn wir mehr über andere Traditionen wissen, entwickeln wir auch größeren Respekt und eine höhere Wertschätzung für sie. Aufrichtiges gegenseitiges Verstehen und Verständnis für einander führt zu gegenseitiger Achtung. Aus der Sicht des Buddhismus muss, damit dies auch gelingen kann, der Geist dafür vorbereitet und „geübt" werden.

Der Buddhismus betont deshalb die Ausbildung und Formung des Geistes, weil sich alle Geschehnisse aus den menschlichen Handlungen ergeben. Wir nennen dies *Karma*. Unsere Zukunft wird durch unsere heutigen Handlungen bedingt und geprägt. Darin besteht das Gesetz des *Karma* oder der Kausalität. Von allen sprachlichen, geistigen und körperlichen Handlungen steht die geistige Handlung an höchster Stelle. Geistige Motivation ist der auslösende Faktor einer Handlung.

Dasselbe sprachliche Verhalten oder dieselbe äußere Handlung kann manchmal positive und dann auch wieder negative Auswirkungen nach sich ziehen, weil sie unterschiedlich mental motiviert sind. Es kann also vorkommen, dass eigentlich als negativ zu betrachtende Handlungen eine positive Wirkung erhalten. Die innere geistige Haltung steht über allem und bildet den entscheidenden Faktor, da alle Ereignisse schlussendlich auf unsere geistige Einstellung bzw. Motivation zurückzuführen sind. Das Hauptziel ist *Moksha* oder Befreiung. *Moksha* ist der geistige Zustand, in dem alle gröberen, Leid verursachenden Emotionen vollständig beseitigt sind. *Moshka* oder *Nirvana* sind Eigenschaften des Geistes, d. h. geistige Zustände.

Und dann haben wir schließlich die Buddhaschaft. Wenn endlich der Geist und das Bewusstsein uneingeschränkt entwickelt und sich frei von äußeren Hindernissen entfaltet haben, ist die Ebene der Buddhaschaft erreicht: das, was wir Erleuchtung nennen. Auch das ist ein Geisteszustand. Das, was verwandelt werden soll, ist der Geist; die Instanz, die die Verwandlung herbeiführt, ist auch der Geist, und der sich dann daraus ergebende Zustand ist ebenfalls der Geist. Von einigen wird der Buddhismus als eine Wissenschaft des Geistes angesehen und beschrieben – vor dem Hintergrund des eben Gesagten scheint dies auch gerechtfertigt zu sein.

Es gibt im Buddhismus viele Erläuterungen darüber, wie es sich mit dem Geist auf der relativen und der absoluten Ebene verhält. Außerdem werden verschiedene Geistesfaktoren unterschieden. *Tantrayana* zieht eine sehr genaue und klare Trennung oder Abstufung zwischen verschiedenen Ebenen des Geistes: grobe, subtile und im tiefsten Innersten subtile. Da die Methode, den Geist zu verändern, selbst eine geistige Tätigkeit ist, ist die Meditation ein wichtiger Aspekt buddhistischer Praxis.

Ohne Meditation kann man seinen Geist nicht verändern. Zwei Arten von Meditation gibt es – eine analytische und eine konzentrierte, auf einen einzigen Punkt ausgerichtete. Die wirksame Waffe gegen das Negative ist die analytische Meditation. Durch Analysen kann man neue Einsichten, Überzeugungen und ein anderes Bewusstsein gewinnen. So wie dieses Bewusstsein sich vermehrt, werden widersprüchliche Kräfte zurückgedrängt. Analytische Meditation vernichtet das Negative. *Vipashyana* oder die Praxis der tieferen Einsicht ist eine besondere Art analytischer Meditation. Aber um diese analytische Meditation in sich zu stabilisieren, ist eine eindringliche, auf einen Punkt gerichtete Meditation unabdingbar. Unser Geist ist gewöhnlich so verdreht und zerstreut, dass wir beim Analysieren die Energie nur eines Teils unseres Geistes einsetzen. Damit wird ein sehr großer Teil von Energie verschwendet. Durch die auf einen Punkt ausgerichtete Meditation *(Shamatha)* kanalisieren wir alle Energien unseres Geistes. Wir vereinigen sie zu einer großen hydroelektrischen Energie. Wenn Wasser nur tröpfelt, kann es sich nicht mit einem Kraftpotenzial bewegen; wenn dieselbe Menge Wasser in Kanäle gelenkt wird, kann dies seine in ihm liegende Energie kraftvoll entfalten und verstärken. Wir sind in unserem Geist zwar recht zerstreut, und doch hat er von Natur aus das Potenzial, Wissen zu erwerben. Wegen seiner Zerstreutheit ist sein Wirkungskreis so begrenzt. Deshalb ist es notwendig, die Energien des Geistes durch *Shamatha*-Meditation zu bündeln und zu kanalisieren.

Analytische Meditation selbst ist von zweierlei Art. Eine ist dem Mitgefühl oder dem Glauben ähnlich. Der Geist wird in das Wesen von *Karuna* oder Mitgefühl transformiert. Die andere Art analytischer Meditation läuft darauf hinaus, Vergänglichkeit und Leerheit als (noch zu erkennende) Gegenstände zu begreifen. Es gibt zahlreiche Arten der Meditation, aber diese beiden sind bedeutende und wichtige Elemente buddhistischer Praxis.

Man darf dabei auch nicht den Aspekt der Motivation aus den Augen verlieren. Im *Bodhisattvayana* besteht die Hauptmotivation, die alle Handlungen, auch die profanen weltlichen, überhaupt auslöst und lenkt, darin, den zur Buddhaschaft führenden Pfad beschreiten zu können. Der Schlüssel dafür liegt in *Bodhicitta*, dem uneingeschränkten Altruismus. (Altruismus meint hier den Wunsch, Buddhaschaft zum Wohl aller empfindenden Wesen erlangen zu wollen.) Auf der Grundlage dieser Motivation führen schließlich die verschiedenen Meditationsformen zur Buddhaschaft.

Man kann nicht unmittelbar auf der höchsten Meditationsstufe zu meditieren beginnen, die sich nur mit viel Mühe und Anstrengung erreichen lässt. Wie Aryadeva in seinen 400 Versen feststellt, bedeutet unser Ziel Buddhahschaft das vollständige Beseitigen aller Mäkel aus unserem Geist, einschließlich derjenigen, die den Weg zur Buddhaschaft vernebeln und behindern. Dabei muss die Übung Schritt für Schritt vonstatten gehen. Um diese in unserem Geist festsitzenden Illusionen zu eliminieren, müssen wir als Erstes alle geistigen Verunreinigungen auflösen. In einem ersten Schritte benötigen wir diszipliniertes moralisches Verhalten *(Shila)*. Ob Mönch oder Laie, für beide gilt unterschiedslos, dass das erste Prinzip *Shila* ist. Als Wichtigstes müssen die zehn untugendhaften Handlungsweisen aufgegeben werden. Die im körperlichen Bereich stattfindenden Untugenden – Töten, Stehlen, sexuelles Fehlverhalten; die verbalen – Lügen, Doppelzüngigkeit, große Rede und eitles Schwätzen; die mentalen – Begehrlichkeit, negative Absichten und falsche Anschauungen.

Falsche Anschauungen können in zweierlei Hinsicht gesehen werden. Eine von ihnen ist Nihilismus – Verneinung jeglicher Existenz, und die andere ist gleichsam das andere Extrem – ein Auffassen der Dinge, als ob sie eine (inhärente) innere, von allem anderen unabhängige Existenz hätten. Für moralisches Verhalten und Selbstdisziplin liegt der Schlüssel in dauernder geistiger Achtsamkeit in unserem täglichen Leben. Wenn wir mit jemandem sprechen, sollten wir uns fragen, ob wir gerade dabei sind, die Unwahrheit zu sagen oder nicht. Überhaupt sollten wir grundsätzlich im alltäglichen Leben unsere physischen, verbalen und mentalen Handlungen immer wieder aufs Neue überprüfen.

Machmal, in besonderen Situationen, muss man vielleicht ein wenig hinterlistig sein. Um zum Beispiel das Leben vieler retten zu können, ist eine kleine Lüge statthaft. Von solchen Extremfällen abgesehen, muss man sich ehrlich und wahrheitsgetreu verhalten. Es kommt manchmal vor, dass wir uns überhöflich benehmen und dadurch Argwohn erregen. Ehrliche, offene und in sich harmonische Sprache wird kaum ihre Wirkung verfehlen. Man sollte anderen freundlich begegnen und nicht verletzen. In diesem Zusammenhang ist vegetarisches Verhalten eine gute Sache. Ich selbst habe in den frühen Sechzigern versucht, Vegetarier zu werden und habe auch ganz streng zwei Jahre lang so gelebt. Jedoch entwickelte ich einige körperliche Beschwerden, so dass ich heute kein Vegetarier mehr bin, sondern im täglichen Wechsel, also insgesamt sechs Monate im Jahr, vegetarisch lebe. Kürzlich habe ich auf dem Weg von Dharamsala zum Jammu-Flughafen viele in kleine Kisten gepferchte Hühner gesehen; es war ein furchtbarer Anblick. Menschen in Küstengebieten leben von Fisch – Tausende von Fischen werden jeden Tag getötet. Um den Magen des Menschen zufriedenzustellen, wird so viel Leben umgebracht. Wir müssen die vegetarische Lebensweise fördern; dies ist sehr wichtig. Ich bin der festen Überzeugung, dass die Weltbevölkerung reduziert werden muss, dass wir andere Lebensarten retten und schützen müssen. Eine geringere Anzahl von Menschen gewährleistet auf lange Sicht, dass wir liebenswürdiger miteinander umgehen und glücklicher sind; und da der Grund für materielle und gesellschaftliche Missstände die Armut ist, spielt die Weltwirtschaft in diesem Zusammenhang eine nicht zu unterschätzende Rolle.

Sexuelles Fehlverhalten ist eine der Hauptursachen, die für die Zerstörung familiären wie des zwischenmenschlichen Friedens überhaupt verantwortlich ist. Sexuelle Selbstbeherrschung ist weithin notwendig; vor allem jetzt, da wir mit einer über die ganze Welt verbreiteten schrecklichen Krankheit, Aids, zu kämpfen haben.

Wenn moralische Selbstdisziplin geübt wird, verbessert sich die Lebensqualität, man ist glücklicher und wird von allen geachtet. Diese Verhaltensweisen führen nicht nur allgemein zu höchstem Glück, sondern schaffen auch sofort eine positive Atmosphäre in unseren Familien und Gemeinschaften; der Einzelne ist ebenfalls glücklicher. Oberflächlich betrachtet scheint das Leben eines Mönchs oder einer Nonne kaum verlockend zu sein. Das Leben der Laien scheint bunter und faszinierender zu sein. Unser Leben als Mönche mag nicht so bunt sein, aber auf lange Sicht scheint mir die geistig-spirituelle Lage eines Mönchs oder einer Nonne ausgeglichener zu sein.

In ihrer Lebensweise ungezügelte Menschen haben oft ein sehr farbenprächtiges und pralles Leben - mal zu glücklich, dann ein anderes Mal zu kompliziert (ihr Leben ist wir ein Jo-Jo). Dies ist nicht gut für den Körper. Dagegen ist ein in sich ruhender und ausgeglichener psychischer Zustand viel wünschenswerter. Indem wir Zurückhaltung und Selbstbeherrschung üben, leisten wir auch einen großartigen Beitrag zu einer von Komplikationen befreiten Geburtenkontrolle. In all dem eben Gesagten besteht das tägliche moralische Verhalten.

Unser wirklicher Feind sind die negativen menschlichen Emotionen wie Hass, Eifersucht und Stolz – die wahren Zerstörer unserer Zukunft und unseres Glücks. Es ist nicht leicht, sich gegen diese Feinde ohne die entsprechenden Mittel zu wehren.

Selbstbeherrschung, wenn sie auch im Kampf gegen negative Emotionen nicht leicht zu gewinnen sein mag, sollte unsere Gegenmaßnahme sein. Zumindest sind wir dann in der Lage, das Aufkommen der von negativen Gefühlen beherrschten Verhaltensweisen einzudämmen. Darin besteht *Shila* oder die moralische Ethik. Wenn wir uns mit ihr eingehend vertraut gemacht haben, wird sie, zusammen mit Umsichtigkeit und Gewissenhaftigkeit, schließlich zum integralen Bestandteil unseres Lebens werden.

Shila ist die Grundlage, auf der wir uns direkt mit negativen Emotionen auseinander setzen. Wenn man einen kräftigen Körper hat, ist auch die Hand stark und fest, und man kann eine Axt richtig führen, um einen Baum zu schlagen. *Shila* ist wie dieser kräftige, energiegeladene Körper. Mit einer starken und festen Hand kann man sein Ziel wiederholt auf dieselbe Stelle treffen. *Samadhi* ist vergleichbar dieser Hand. Und Weisheit ist die Axt, die dann tatsächlich den Baum fällt.

Was nun ist *Vipashyana*? Es gibt viele Variationen von *Vipashyana* – die Meditation über den Tod, Vergänglichkeit und viele andere damit verbundene Meditationen. Laut dem *Bodhisattvayana* besteht die hauptsächliche *Vipashyana*-Meditation in der Weisheit, die sich aus der analytischen Meditation heraus entwickelt und sich auf das absolute Wesen einer Person selbst, anderer Menschen und aller Erscheinungen konzentriert. Das ist *Shunya,* die Leerheit.

Um *Shunya* zu verwirklichen, müssen wir zunächst sorgsam den Unterschied zwischen Erscheinung und Wirklichkeit beachten. Sehr oft treffen wir auf Widersprüche, und zwar insofern, dass Dinge auf eine bestimmte Weise erscheinen können, während aber deren Wirklichkeit im selben Moment völlig anders ist. Wenn wir von *Shunya* sprechen - das absolute Wesen, das wir Leerheit nennen - geht es um die Abwesenheit unabhängiger, eigenständiger Existenz. Unseren Sinnesorganen und unserem Gehirn erscheint jedoch jeder Gegenstand so, als ob er für sich bzw. aus sich selbst heraus unabhängig existierte. Wenn aber die Dinge tatsächlich so existierten, wie sie uns erscheinen, dann müssten sie vor uns durch die analytische Meditation deutlicher und klarer hervortreten. Aber bei genauerer Untersuchung können wir diese Dinge nicht finden. Es besteht ein Unterschied zwischen Erscheinung und Wirklichkeit. Um dies deutlich zu machen, spricht man in der buddhistischen Literatur von den Zwei Wahrheiten: einer konventionellen und einer absoluten.

Die Möglichkeit einer absoluten Natur wird deutlich, wenn wir die beiden Wahrheiten näher untersuchen. Die Erkenntnis der absoluten Wahrheit oder Natur aller Erscheinungen hat unmittelbaren Einfluss auf die negativen Emotionen, weil im Allgemeinen alle negativen Emotionen auf der gedanklichen Konstruktion beruhen, dass Dinge eine unabhängige Existenz besitzen. Genau diese Vorstellung ist die Grundlage aller negativen Emotionen. Dies ist die zweite Ebene - die Ebene, auf der direkt eingegriffen und die inneren Feinde, die negativen Emotionen, bekämpft und kontrolliert werden können.

Wenn wir einen Sieg über diese Emotionen errungen haben, befinden wir uns auf einer Stufe der Befreiung (*Moksha* oder *Nirvana*). Haben wir diese offensive Auseinandersetzung für uns gewinnen können, heißt das noch nicht, dass nun schon alles voll unter Kontrolle ist. Einige „Heckenschützen“, d. h. versteckte negative Emotionen könnten vielleicht noch existieren. Um nun also auch diese noch versteckten Spuren negativer Emotionen vollkommen auszutilgen, müssen wir ein großes Maß an Anstrengung aufbringen. Auf dieser Stufe setzen wir, motiviert durch *Bodhicitta*, die sechs oder zehn *Paramitas* (vervollkommnenden Handlungen) um und fördern dadurch die Verwirklichung von *Shunyata*. Darin besteht die Praxis eines *Bodhisattva*.

Es wird nun auch offensichtlich, dass die Übung Schritt für Schritt ausgeführt werden muss; viel Geduld ist hier also nötig. Während der Lehrunterweisungen über Buddhaschaft oder *Moshka* werden viele Menschen sehr aufgeregt und auch ungeduldig. Und wenn dann im Näheren ausgeführt wird, dass man, um dieses Ziel erreichen zu können, behutsam Schritt für Schritt voranschreiten muss, verlieren die Menschen manchmal die nötige Geduld und Ausdauer. Das ist leider nicht positiv. Ich glaube, dass es uns Tibetern in einigen Fällen an Ernsthaftigkeit mangelt. Wir kennen den Budddhismus sehr gut, was aber das Üben angeht, so sind wir manchmal auch recht faul und träge. Einige unserer neuen Buddhisten, vor allem jene aus dem Westen, sind sehr, sehr ernsthaft - manchmal zu ernsthaft. Denn nach einigen Jahren verlieren sie vollständig ihr Interesse. Ernsthaftigkeit ist gut, sie muss aber von Geduld begleitet sein. Ohne Geduld verliert der Ernst sein Ziel.

Alle Spuren negativer Emotionen auszumerzen ist ziemlich schwierig. An dieser Stelle kommt *Tantra*, besonders die *Maha-Anuttarayoga Tantra*-Lehren, ins Spiel. Aber es geht keinesfalls leicht von der Hand, da auf dieser Stufe eine besondere Qualität und Eigenschaft erforderlich ist.

Ob wir gläubig sind oder nicht – an erster Stelle sind wir alle Menschen. Und als menschliche Wesen verfügen wir über die wunderbare Fähigkeit zu erkennen, woraus langfristig und auf kurze Zeit die positiven und negativen Folgen resultieren. In moralischer Hinsicht besitzen wir die große Verantwortung, uns nicht nur um unsere Mitmenschen zu kümmern, sondern auch für andere Arten, Tiere und empfindende Wesen, wie für unsere Umwelt insgesamt Sorge zu tragen. Deshalb sollten wir ein gutes, wertvolles und menschliches Leben führen, gute und warmherzigere Menschen sein. Dies wird wie von selbst unserem individuellen Leben, unserer Familie und der Gemeinschaft mehr Glück bescheren; man hat nicht nur selbst, sondern mit allen anderen zugleich einen großen Nutzen.

Alle, die sich als Buddhisten verstehen, sollten den *Dharma* ernsthaft praktizieren und es nicht mit einer intellektuellen Beschäftigung damit genug sein lassen. Wir sollten die Praxis mit beständigem Bemühen in unser tägliches Leben einbauen; Zeit ist dabei ein sehr wichtiger Faktor. Wenn wir große Dinge gleich zu Beginn erwarten, eine tief greifende spirituelle Veränderung des Geistes in kürzester Zeit, ist dies kein gutes Zeichen. Wir müssen in Zeitaltern rechnen und denken; dadurch erst erhalten wir die innere Stärke. Unsere Schriften sagen, wir könnten die Buddhaschaft in drei Jahren erlangen. Ich für meinen Teil denke, dass dies so nicht durchführbar ist. Manchmal wird hier und dort übertrieben, aber selbst wenn unser Glauben sehr stark ist, so bezweifle ich, dass wir Buddhaschaft in drei Jahren erreichen können, selbst wenn wir wie Milarepa wären, der ein so entschiedener Mensch mit einem so starken Herzen war. Unter allen unseren Weisen, Heiligen und praktizierenden Buddhisten habe ich noch von keinem gehört, der Buddhaschaft in drei Jahren erreicht hätte.

Drei Jahre reichen also nicht aus. Wir müssen sehr gut planen, nicht nur für dieses Jahr, nicht nur für dieses Leben, sondern für viele Leben, die noch folgen werden, für Jahrhunderte, Äonen. Wenn ich an die zahllosen Äonen denke, spüre ich tiefe Ruhe und innere Kraft.

Was ist Glück und was ist Leben? Was ist Erleuchtung?

Entsprechend der eigenen unmittelbaren Erfahrung empfindet man Zufriedenheit, Ruhe und Glück. Glücklichsein besteht darin, glücklich zu sein. Jeder Mensch sucht danach.

Pflanzen leben, aber ob sie auch fühlen können, bin ich mir nicht sicher. Wir Menschen andererseits erleben Schmerz und Freude. Wenn wir von empfindenden Wesen sprechen, dann meinen wir Wesen, die leben und auch diese schmerzlichen und freudigen Erfahrungen machen können.

Erleuchtung, wie ich zuvor schon kurz angemerkt habe, ist allumfassendes Wissen – ohne Unwissenheit und ohne Einschränkungen. Unser subtiles Bewusstsein – was wir das klare Licht nennen – besitzt alles Potenzial, erleuchtet und erweckt zu werden. Im Moment jedoch, aufgrund unseres Unwissens, wird unsere völlige Erweckung noch behindert. Erst wenn alle negativen Faktoren verschwinden, ist die Macht der Erweckung voll entwickelt, und genau das nennen wir Erleuchtung.

Ist es möglich, für einen anderen Menschen dessen Karma *auf sich zu nehmen?*

Allgemein gesprochen, gemäß den buddhistischen Lehren, wird man nicht die Resultate einer Handlung erleben, die man selbst nicht ausgeführt hat – und umgekehrt wird die Folge einer einmal ausgeführten Tat nie verloren gehen, und man muss sie erfahren. An dieser Stelle ist es meiner Meinung nach wichtig, eine Unterscheidung zu treffen: Wenn man leidet, dann spürt man in diesem Moment nicht nur den Schmerz und das Missbehagen, sondern auch eine Art Hilflosigkeit und Entmutigung. Man ist völlig von diesem Leiden eingefangen und von einer Art Dunkelheit umgeben. Mitgefühl ist dann vorhanden, wenn man sich wegen des Leidens anderer Sorgen macht und mit ihnen dieses Leiden teilt vor dem Hintergrund, dass alle Menschen denselben Anspruch haben, glücklich zu sein. In dem jeweiligen Moment mag das Leiden bei uns Mitfühlenden ein gewisses Unbehagen auslösen, aber dieses Unbehagen nehmen wir aus guten Gründen freiwillig hin, denn wir setzen unseren Entschluss, das Leiden anderer zu teilen, in diesem Moment um. Daher hinterlässt dieses empfundene Unbehagen auch keinerlei Spuren in unserem Geist. Man muss sehr offenen und klaren Geistes sein, wenn man freiwillig das Leiden anderer auf sich nimmt.

Welche Art von Transformation findet in der Vipashyana-*Meditation statt, wenn die Aufmerksamkeit oder Konzentration von einem Teil des Körpers zu einem anderen übergeht?*

Es gibt viele Variationen der *Vipashyana*-Meditation. So weit ich weiß, gibt es in der Theravada-Tradition eine *Vipashyana*-Meditation, die den Körper betrifft; dort sagt man dann

„Vipassana" gemäß der Pali-Aussprache. Wenn wir an unserem eigenen Körper anhaften, dann haben wir - jetzt in diesem Zusammenhang - eine klare Vorstellung von „mein Körper", und in demselben Moment identifizieren wir uns mit ihm. Wir fühlen, dass ein unabhängiger Körper existiert. Meditieren wir über bestimmte Teile des Körpers, verschwindet irgendwann das Gefühl von einem festen Körper oder etwas Einzigartigem. „Mein Körper" beginnt etwas anderes zu bedeuten: nämlich viele Einzelteile und Zusammensetzungen oder Verbindungen. Wenn man diese Transformation einmal verwirklicht und sie auch erkannt hat, besteht dieses Gefühl von Festigkeit, Einheit und Einzigartigem nicht mehr.

Bewusstsein des Körpers schließt die Meditation über verschiedene Teile des Körpers ein. Die wichtigste und wirksamste *Vipashyana*-Meditation ist die Meditation über die Leerheit (*Shunyata*).

Eine persönliche Frage: In meinem Leben hatte ich viele Misserfolge, aber jedes Mal hat mir mein Vater geholfen. Er sagte mir, ich solle durch meine Fehlschläge ein besserer Mensch werden. Einige Monate lang war ich innerlich sehr ruhig und gelassen, aber jetzt, da ich Arbeit und Erfolg habe, beginne ich jähzornig und ungehalten zu werden. Ich möchte im Leben etwas erreichen – ist dies falsch?

Die Frage zu beantworten ist sehr schwer. Ich kenne weder Ihre Glaubensgrundsätze, noch Ihre Einstellung zum Leben, zu Ihren vergangenen und zukünftigen Leben, noch Ihren Lebensstil. Ihre jeweilige - oder überhaupt jede – Lebenseinstellung erfordert bei dieser Frage andere Heilmittel. Wann immer etwas Negatives auftritt, versuche ich im Allgemeinen daran zu denken, dass andere Menschen auch mehr oder weniger ähnliche Erfahrungen machen. Diese Denkweise lindert zum Teil meine seelische Bürde. Daneben versuche ich auch immer, positive Aspekte in diesen negativen Gegebenheiten zu sehen. Und es kommt manchmal vor, dass diese Sichtweise die betreffende Erfahrung positiv und kreativ werden lässt. So gesehen ist die Wirkung eines Ereignisses relativ. Ein Ereignis kann unterschiedliche Aspekte in sich tragen bzw. für uns haben, und wenn wir genau hinschauen, können wir auch etwas Gutes in diesem Ereignis, in dieser Erfahrung finden. Insgesamt und grundsätzlich mag sich das Ereignis nicht ändern - aber unsere Frustration und Enttäuschung kann gemindert werden.

Selbstvertrauen ist wichtig. Menschen besitzen ein wunderbares Gehirn und Entschlossenheit. Buddhisten sprechen von der Buddha-Natur, dem Samen des Buddha in uns. Ohne auf diesen Komplex jetzt näher in allen Einzelheiten einzugehen, kann man sagen, dass wir alle das Potenzial in uns haben, zu diesem Kern gelangen zu können – wenn wir unsere Intelligenz mit größerer Geduld und beständigem Eifer benutzen. Auch wenn wir die ersten drei Male nicht erfolgreich sein mögen, besteht immer die Möglichkeit, letztendlich unser Ziel zu erreichen.

Es mag so sein, dass sich das Absolute nicht in drei Jahren umsetzen lässt, aber einige Lehrer meinen durchaus, dass die Verwirklichung des Absoluten in einem Moment geschehen kann, im Gegensatz zu einem langen Weg. Was ist Ihr Kommentar?

Ja, es kommt bisweilen vor, aber nur unter einer Vielzahl bestimmter Voraussetzungen und Bedingungen. In einigen Fällen tritt dieses Ereignis gleichsam unsichtbar ein. Wenn die Vorgaben und Bedingungen voll entwickelt sind, dann geschieht diese Verwirklichung momentan. Gewisse außergewöhnliche Erfahrungen können stattfinden.

Wenn alle Religionen Mitgefühl, Liebe und Brüderlichkeit lehren und predigen, wie kommt es dann, dass Menschen im Namen der Religion gegeneinander Krieg führen?

In den meisten Fällen erfreuen sich Einzelpersonen daran, sich selbst ein Etikett zu verleihen. Zum Beispiel kann ich sagen: „Ich bin (ein) Buddhist", und damit sehr zufrieden sein. Viele Menschen kümmern sich nicht allzu sehr um ihre eigene spirituelle Praxis, ihr Verhalten und Denken; es ist ihnen gleichgültig herauszufinden, worin ein tieferer Sinn liegt. In meinem Fall soll der Buddhismus mich und mein Verhalten führen und lenken. Dabei geht es sowohl um eine bestimmte Denkart und Verhaltensweise wie auch um die Mittel, diese beiden, nämlich Denken und Verhalten, zu formen und gegebenenfalls zu ändern. Aber manchmal nimmt man dies nicht genügend ernst. Wenn ich also gar nicht die Absicht habe, mich so zu ändern, wie es der Buddhismus eigentlich in seinen Idealen fordert, sondern weiterhin den Buddhismus als „meine Religion" in Anspruch nehme, dann benutze ich ihn, weil ich religiöse Stärke brauche.

In ähnlicher Weise ruft man indirekt die gesamte Christenheit zu seiner Unterstützung auf, wenn man von sich sagt: „Ich bin Christ." Und dies, obwohl man sich von dieser Tradition gar nicht tief berühren oder verändern lässt.

Wenn ein völlig unwissender, frustrierter oder hasserfüllter Mensch Religion in Anspruch nimmt, kann dies nur in einem Unglück enden. Was man tun muss, ist, sich selbst immer wieder zu überprüfen, sich als einen praktizierenden und aufrichtigen Anhänger der jeweiligen Tradition zu begreifen. Nur dann wird man eine andere Person.

Man trifft gewiss etliche Religionsanhänger, die aus Unwissen oder Mangel an Kontakten zu anderen Kulturräumen nur in den Bahnen ihrer eigenen Religion glauben und denken und andere Religionen als „nicht richtig" erachten. In manchen Fällen ist das in den verbreiteten Lehren begründet, aber gewöhnlich liegt es am mangelnden Kontakt, fehlenden Bewusstsein und echten Verständnis für den tiefen Wert, den andere Religionen gewiss haben. Wenn man einmal erkannt hat, dass es wunderbare Menschen unter Christen und Muslimen gibt, wird man wie von selbst eine hohe Wertschätzung für ihre Traditionen entwickeln.

Die Anhänger jeder einzelnen Religion sollten für sich selbst prüfen, ob sie aufrichtige Anhänger sind; und ob sie ihre Religion und deren Ethik auch unverfälscht und ehrlich ausüben. Dabei sind das Gespräch und der konstante Austausch zwischen den anderen Religionen unabdingbar. Heute Morgen habe ich anlässlich der Siebten Weltreligionen-Konferenz in Delhi darauf hingewiesen, dass, um echte Harmonie herbeizuführen, zunächst wiederholte Begegnungen zwischen den Religionsführern stattfinden müssten; dann zweitens zwischen den Gelehrten und drittens zwischen denen, die tiefer gehende Erfahrungen mit ihren Religionen gehabt haben. Das Zusammentreffen dieser Menschen ist ein absolutes Muss. Wenn man den jeweiligen Wertekanon kennt und das Potenzial für das Negative im Menschen begriffen hat, wenn man sich also gegenseitig

„erkannt“ hat und kennt, dann ist dies schon eine große Hilfe.

Wie kann man Mitgefühl im Leben entwickeln und üben?

Durch analytische Meditation und auf einen Punkt gerichtete Meditation. Analytische Meditation beinhaltet die wiederholte Überprüfung des Mitgefühls und seines Wertes für uns. Wenn wir ein stärkeres Mitgefühl entwickelt haben, dann werden wir Menschen mit einer stärkeren inneren Überzeugung. Man wird innerlich ruhiger und glücklicher, entwickelt weniger Ängste und ein stärkeres Selbstbewusstsein; man wird geistig offener und kommuniziert mehr und besser mit anderen Menschen. Man findet mehr Freunde, und mehr Menschen bringen einem ein Lächeln entgegen. Betrachtet man auf der anderen Seite den Hass – worin besteht sein Wert?

Hass zerstört das eigene Glück, das der Familie, eines Volkes, letzten Endes der ganzen Welt. Sollte jemand ein Drei-Jahres-Retreat durchführen und dabei nur über Hass meditieren, wie könnte man da jemals innere Ruhe finden, geschweige denn erfahren – im Gegenteil, man würde sich immer unwohl fühlen, den Appetit verlieren, den Schlaf, ja in gewisser Weise das Leben. Das bewirkt Hass. Man sieht also, man muss wie ein Wissenschaftler die positiven und negativen Aspekte und Elemente eines jeden Objekts betrachten und untersuchen. Man muss versuchen, durch die Analyse die negativen Seiten zu beseitigen und die guten zu fördern oder zu schaffen.

In gleicher Weise ist der Geist nicht eine einzige in sich geschlossene Einheit oder Entität. Es gibt viele, sehr viele

Gedanken und „Geister" bzw. Bewusstseinsformen. Einige sind förderlich, wie Medizin. Andere sind negativ und dadurch viel schlimmer als jedes Gift.

So wie wir bei materiellen Dingen die nützlichen Aspekte beibehalten und die schlechten loswerden wollen, so verhält es sich auch mit unserem Geist oder Bewusstsein. Jene Bewusstseinsinhalte, die uns Glück bringen, Ruhe, innere Stärke und Freundschaften, sind positiv. Ein Geist, der diese Dinge zerstört, ist offensichtlich schlecht. Wir müssen also analysieren. Wenn man durch analytische Meditation einen gewissen Grad an innerer Überzeugung und Bestätigung gewonnen hat, sollte man für eine kurze Zeit darüber nachdenken. Ein Praktizierender des tibetischen Buddhismus könnte einige *Mantras* rezitieren. Darin besteht der richtige Weg – zunächst analytische Meditationen, dann, zum Schluss, auf einen Punkt ausgerichtete Meditationen. Wenn die Kraft der inneren Überzeugung nachlässt, sollte man zur analytischen Meditation zurückkehren und sie für eine gewisse Zeit betreiben.

Wenn man sich in großer Bedrängnis findet und dies als Folge von vergangenem Karma *erkennt, aber den Schmerz und das Leid nicht ertragen kann, was sollte man tun? Können Gebete helfen?*

In einigen Traditionen wie dem Buddhismus ist das Eingeständnis negativer Handlungen eine Methode. Die tibetisch-buddhistische *Tantrayana*-Tradition empfiehlt das Rezitieren verschiedener Mantras, und viele Religionen sind ziemlich großzügig und gewähren Vergebung. Zusätzlich könnte man Gebete sprechen.

Ist es möglich oder sogar ratsam, einem Menschen gegenüber Mitgefühl zu zeigen, der uns wiederholt verletzt und Schaden zufügt?

Ja, natürlich! Das ist das Wichtigste und Entscheidende! Der Feind oder die Person, die uns zu verletzen versucht oder uns Schaden zufügt, ist - auch wenn seine Haltung uns gegenüber negativ ist - doch immer ein Mensch, dem das Recht zusteht, Leiden zu überwinden und Glück finden zu können. Auf dieser Grundlage müssen wir weiterhin diesem Menschen gegenüber Mitgefühl zeigen bzw. die Fähigkeit dazu aufrechterhalten, was nun umgekehrt nicht heißt, sich dem feindlich gesonnenen Menschen und seinen Handlungen passiv zu unterwerfen. Es gibt verschiedene Situationen: Gründe, warum man mit seinem Mitmenschen mitfühlen soll, aber auch Fälle, in denen es angebracht ist, dem Feind entgegenzutreten. Eigentlich sind dies zwei völlig unterschiedliche Situationen.

Warum sollen wir versuchen, Leiden loszuwerden – ist es nicht ein wesentlicher Teil unseres Lebens und damit auch unseres Glücks?

Wenn man mit seinem alltäglichen Leben und all seinen Leidensmomenten zufrieden ist und dies so akzeptieren kann, soll man an diesem Zustand nichts ändern; man sollte sich dann auch darüber keine weiteren unnötigen Gedanken machen.

Warum kommen wir überhaupt auf diese Welt?

Natur ist Natur. Es gibt auf diese Frage keine Antwort.

Sie führten aus, dass die Entwicklung einer richtigen Motivation der Schlüssel für alles Weitere ist. Wie können wir dies erreichen?

Ich glaube, dazu habe ich schon einiges erklärt: Ein wichtiges Element ist die Übung unseres Geistes, und zwar durch Analysen, die sich aus den eigenen vergangenen Erfahrungen heraus ergeben, und neben der Prüfung unserer eigenen Vergangenheit die nähere Betrachtung des Lebens von anderen, wie zum Beispiel Mahatma Gandhi. Als ich dem indischen Friedensaktivisten Baba Amte begegnete, hatte er trotz seiner körperlichen Gebrechen ein Lächeln auf seinem Gesicht, sein Geist sprühte vor Lebenskraft. Das konnte sich nur aus tiefem Mitgefühl mit allem Leben und einem starken Selbstvertrauen heraus entwickeln. Nun verfügten Menschen wie Hitler und Mao-Tse-Tung ebenfalls über Selbstbewusstsein, aber sie waren voller Argwohn und Hass. Ich meine schon, dass Mao einen hochentwickelten Geist hatte und voller Selbstvertrauen war – aber zugleich konnte er selbst seinen nahestehenden Kameraden gegenüber nur mit Misstrauen auftreten. Ein misstrauischer und von Hass getriebener Mensch kann nicht glücklich sein. Deshalb ist Mitgefühl mit unseren Mitmenschen so wichtig, weil letzten Endes wir alle glücklich sein wollen.

Was wäre der beste Weg, dem starken Anstieg der Weltbevölkerung Einhalt zu gebieten? Spielt die buddhistische Philosophie in diesem Zusammenhang eine Rolle?

Ja, natürlich – wir brauchen nur mehr Mönche und Nonnen! Ich nenne dies eine gewaltfreie bzw. zwanglose Geburtenkontrolle. Angesichts der ernsthaften Lage ist die Geburtenkontrolle nötig.

Welche Botschaft können Sie am Vorabend Ihrer ersten Reise nach Jerusalem hinsichtlich interreligiöser Beziehungen geben?

Vor einigen Jahren begann ich mit einer Übung, die mir ein Beitrag zur Harmonie zwischen den Religionen sein zu können scheint: eine Pilgerfahrt zu verschiedenen heiligen Stätten gemeinsam mit einer Gruppe von Menschen mit unterschiedlichem religiösem Hintergrund. Wir reisen und beten gemeinsam in der Stille – es ist eine besondere Erfahrung. Die erste Reise führte mich nach Sarnath. Letztes Jahr hielt ich mich in Trivandrum in Kerala auf. Ich hatte die Gelegenheit, eine Moschee, eine Kirche und einen dem Gott Ganesh geweihten Tempel zu besuchen. Ich sah einen schönen versilberten Ganesh und dachte, er hätte einen sehr schönen Bauch; nach dem Besuch dachte ich, ich könne zu etwas Geld kommen, aber ich hatte kein Glück. Wie auch immer – der Ganesh gefiel mir außerordentlich. In der Moschee bot sich mir zum ersten Mal die Möglichkeit, zusammen mit unseren moslemischen Glaubensbrüdern zu beten. Ich bin überzeugt, dass dies eine sehr wirksame Methode ist, um ein tieferes Gespräch mit Menschen aus anderen religiösen Traditionen zu eröffnen. Jerusalem habe ich vor einigen Jahren besucht, mit der Folge, dass ich heute ein großes Interesse daran habe, heilige Stätten wie Jerusalem aufzusuchen.

Vor kurzem besuchte ich Lourdes in Frankreich, wo die Erscheinung Marias stattfand. Es war in der Tat ein wunderbares Erlebnis. Ich bin kein Christ, ich bin Buddhist; und so gesehen bin ich ein Ungläubiger, denn ich glaube an keinen Gott; für uns Buddhisten gibt es keinen Schöpfer(gott). Aber dennoch respektiere ich die christliche Tradition und habe große Hochachtung vor allen anderen Religionen. Deshalb hatte ich auch während meines Besuchs ein tiefes Gefühl von Zufriedenheit; es war einfach großartig und wunderbar. Wenn es mir möglich ist, werde ich auch nach Mekka reisen, ich weiß nur noch nicht, wann. Ich freue mich sehr auf meine Fahrt nach Jerusalem mit einer Gruppe Menschen, die in völlig unterschiedlichen religiösen Traditionen leben.

Wenn wir alle Menschen bzw. menschliche Wesen sind, worin besteht dann der Unterschied zwischen Ihnen und mir?

Ich glaube, es besteht ein sehr großer Unterschied. Sie sind Sie und ich bin ich!

1994

4. Wie man besser leben und sterben kann

Ich werde auf dreierlei Weisen erläutern und darstellen, wie man glücklich leben und auch sterben kann: Zuerst für jene, die keinem Glauben anhängen, dann für diejenigen, die sich als gläubig betrachten, und abschließend für praktizierende Buddhisten.

Ich glaube, dass wir alle ohne Erwartung oder Hoffnung auf Glück nicht überleben könnten. Niemand unter uns möchte leiden. Der Zweck unseres Lebens besteht darin, glücklich zu sein. Man kann glücklich werden auf körperliche oder geistige Weise, und auch auf der Ebene, auf der man Leiden mindern und abschwächen kann. Man kann somit von zwei Arten von Glück sprechen: der einen, die sich durch körperliche oder geistige Tätigkeit einstellt, und der anderen, die sich aus dem Nachlassen des Leidens entwickelt.

Tod bedeutet Leiden und ist zweifellos etwas, das wir uns nicht wünschen. Aber wenn wir lernen, wie wir dem Tod entgegentreten können, werden wir durch diese Vorbereitung gewiss nicht viel leiden müssen. Inwieweit wir in der Lage sind, dem Tod gelassen und ohne große Sorge zu begegnen, hängt zu einem großen Teil davon ab, wie wir unser tägliches Leben führen. Wenn wir in unserem Leben unseren Geist kontrollieren lernen, wird für uns innere Ruhe zu etwas Selbstverständlichem; so dass, wenn der Tod dann tatsächlich zu uns kommt, wir nicht besorgt sein müssen, sondern dem Ereignis furchtlos und gefasst entgegengehen können. Haben wir unser Leben insgesamt positiv und sinnvoll gelebt, können wir im Moment des Todes beruhigt sagen: „Im Verlauf meines Lebens habe ich viel Sinnvolles getan und bewirkt, und obwohl ich noch ein wenig in dieser Welt verweilen möchte, muss ich rückblickend nichts bedauern, wenn ich sie jetzt verlassen muss."

Man mag sich nun fragen, was es eigentlich bedeutet, ein sinnerfülltes Leben zu führen. Ob wir gläubige Menschen sind oder nicht, zunächst einmal sind wir alle Menschen, die ihr Leben auf unterschiedliche Weise leben. Wenn wir uns fragen, worin der tiefere Zweck unseres Lebens liegt, werden wir unschwer erkennen, dass sein Hauptsinn darin besteht, die von Natur gegebene Ordnung nicht zu zerstören und keine Unruhe in den Lebenslauf zu bringen, sondern durch eine entsprechende Lebensführung Harmonie und Glück zu bewirken. Wir sind soziale Wesen. Unser Leben ist nicht ausschließlich von einer Ursache oder Bedingung abhängig, sondern von mehreren. Wenn es uns gelingt, unser Leben als ein facettenreiches, von vielen Ursachen und Bedingungen geprägtes Leben zu begreifen, dann haben wir mit dieser Erkenntnis einen guten Ausgangspunkt, um unser Leben sinnvoll zu führen. Wie stark, intelligent und weise ein Individuum auch immer sein mag, dieses Individuum muss wie wir alle in einer menschlichen Gemeinschaft leben. Jemand, der in Isolation lebt, wird über kurz oder lang geistig und seelisch leiden, da er seiner Natur nach ein soziales Wesen ist. Eine Vielzahl unserer Grundbedürfnisse wie die nach Nahrung und Schutz werden durch die Arbeit und Mühen anderer befriedigt. Also hängt unser Glücklichsein, unsere Lebensform in hohem Maße von anderen ab.

So ist die Wirklichkeit unseres täglichen Daseins, und wir sollten uns in unserem Denken und Urteilen danach richten. Die Intelligenz des Menschen ist derart hoch entwickelt, ja raffiniert und in ihren Funktionen so vielschichtig, dass sie manchmal Bilder der Welt entwirft, die die Lebenswirklichkeit außer Acht lassen. Sehr oft leben wir in der falschen Annahme, wir existierten von allem losgelöst und könnten alles erreichen, und verkennen dabei, wie sehr wir mit unserem Leben auf das Dasein, die Hilfe und Unterstützung anderer angewiesen sind. Dieser Sachverhalt trifft nicht nur auf uns Menschen zu, sondern gilt gleichermaßen für unsere Umwelt und andere Lebensformen, Pflanzen- und Tierarten; letzten Endes für alles um uns herum. Ein Großteil von Leiden und Problemen entsteht deshalb, weil wir nicht ausreichend die Hilfe und Fürsorge wertschätzen, die wir von der Welt um uns empfangen, und deshalb deren Wert und Bedeutsamkeit nicht genügend würdigen.

Wir mögen uns ganz auf unser persönliches und privates Glück und Wohlbefinden konzentrieren, womit wir uns auch indirekt begrenzen – wenn wir aber einmal begriffen haben, wie sehr unser persönliches individuelles Leben mit der uns umgebenden Welt verknüpft und verwoben ist, können wir unseren Horizont und Blickwinkel erweitern und ein tieferes Verständnis für unsere Wirklichkeit gewinnen. Damit sind wir auch eher in der Lage, ein harmonisches Leben zu führen, das sich aber nicht nur auf unseren eigenen privaten Kreis beschränkt, sondern auch andere mit einschließt.

Diese erweiterte Perspektive für die Welt und das Leben bringt automatisch einen verstärkten Sinn von Verpflichtung und Sorge für andere mit sich. Dabei ist diese ethische Haltung nicht als etwas Besonderes, Frommes oder Heiliges anzusehen, denn die eigene Zukunft hängt von dieser unserer Haltung anderen gegenüber ab. Diese Einstellung ist nicht nur (auf das eigene Leben bezogen) realistisch, sondern auch Grundlage für eine allgemeine Moral oder Ethik. Wir lügen, betrügen und verhalten uns in unserer Gemeinschaft nicht immer aufrichtig gegenüber anderen, von denen jedoch auch unsere eigene Zukunft abhängt. Durch Kurzsichtigkeit und Unwissenheit „geblendet", manipulieren wir zugunsten kleiner kurzfristiger Vorteile genau jene Bedingungen und Grundlagen, auf denen unser zukünftiges Wohl ruht bzw. gebaut ist. Wenn wir diesen Mechanismus einmal durchschauen, führt die neu gewonnene Erkenntnis zu einer Haltung, die mehr von Mitgefühl und der Bereitschaft zur Mithilfe geprägt ist. Darüber hinaus erkennt man auch, dass Gewaltlosigkeit der beste Weg ist, die großen Probleme der Menschheit zu lösen; denn umgekehrt bedeutet Anwendung von Gewalt, dass die Rechte anderer geleugnet und missachtet werden. Demgegenüber steht Gewaltlosigkeit für einen humanen und vernünftigen Umgang der Menschen untereinander. Dialog zwischen Menschen kann nur auf der Grundlage gegenseitigen Respekts und Verstehens und im Geist der Versöhnung stattfinden.

Nur wenn wir mit dieser Haltung, die wir immer wieder einüben müssen, auf jeden Einzelnen unserer Mitmenschen zugehen, gestalten wir unser Leben sinnvoll.

Wenn ich das zusammenzufassen versuche, erkläre ich anderen Menschen oft, dass wir immer versuchen sollten, anderen zu helfen, aber wenn wir dazu aus bestimmten Gründen nicht imstande sind, so sollten wir zumindest alles tun, um ihnen nicht zu schaden. Dies ist der Kern buddhistischer Philosophie, der selbst für Nichtgläubige und ihr Leben Bedeutung hat. Auf lange Sicht sind Menschen, die ihren Mitmenschen mit Mitgefühl begegnen, die glücklicheren Menschen. Es mag zutreffen, dass man durch ethisch abzulehnende Handlungen kurzfristig für sich Gewinne und Vorteile herausschlagen kann, aber tief innen wird man immer eine gewisse Unzufriedenheit verspüren.

Wenn ich auf die Notwendigkeit und Bedeutsamkeit hinweise, Mitgefühl zu kultivieren, dann rede ich damit auf keinen Fall einer passiven Haltung das Wort. In unserer vom Wettbewerb geprägten Gesellschaft treten immer wieder Situationen auf, in denen wir eine klare Stellung beziehen, vielleicht sogar Widerstand leisten müssen. Indem wir unsere friedfertige Motivation und unsere mitfühlende Haltung anderen Menschen gegenüber nicht aufgeben - denn wir wollen ihnen ja damit nützen -, schaffen wir einen positiv gestimmten geistigen Raum, in dem wir unsere - wenn bestimmte Umständen es erfordern, auch harte - Position verteidigen können.

Im Moment des Sterbens ist ein ruhiger und gefasster Geist wesentlich und entscheidend. Freunde und jene, die sich um den Sterbenden kümmern, sollten ebenso ein ruhiges Verhalten an den Tag legen. Denn oft kommt es vor, dass, obwohl sie mit großer innerer Motivation helfen wollen, ihre Handlungen eher Unruhe bewirken und den Sterbenden unnötig, weil ohne tieferen Sinn beunruhigen.

Nun komme ich zur zweiten Erklärung, für jene, die sich als gläubig betrachten. Auch wenn ich sicherlich nicht kompetent bin, die verschiedenen Philosophien oder Glaubensgrundsätze erklären zu können, meine ich, dass es gut ist, wenn Menschen an einen Schöpfer glauben und gottesfürchtig sind. Man erstrebt und wünscht sich bisweilen Dinge, von denen man nur zu gut weiß, dass sie nicht mit dem göttlichen Willen zu vereinbaren sind; diese Art der moralischen Kontrolle scheint mir sehr nützlich zu sein, um eine ethisch positive Haltung zu entwickeln. In diesem Zusammenhang spielt die Frage des Mitgefühls und der Liebe eine nicht unwichtige Rolle. Nicht selten reizt eine Situation, negative Dinge zu tun, aber aus dem Wunsch heraus, ein treuer Anhänger seines jeweiligen Glaubens sein zu wollen, unterlässt man solche Handlungen. Dies ist eine gute Art, sich innerlich weiterzuentwickeln und seinen Charakter zu bessern. Die Echtheit unserer Liebe zu Gott spiegelt sich in unserer Liebe zu unserm Nachbarn. In meinen Augen liebt derjenige Gott ehrlich, der aufrichtiges Mitgefühl, unverfälschte Freundlichkeit und echte Liebe gegen seine Brüder und Schwestern walten lässt. Einige Menschen lassen sich angesichts von Christusbildern oder anderen Darstellungen verschiedener Gottheiten zu Tränen hinreißen, aber in ihrem alltäglichen Handeln lassen sie Mitgefühl und Nächstenliebe vermissen. Echtes Mitgefühl und Glaube an Gott können Angst und Furcht abschwächen, was aber nicht bedeuten darf, alle Verantwortung Gott zuschieben zu wollen. Gott zeigt den rechten Weg, es liegt aber in der Verantwortung des Menschen, diesen Weg tatsächlich zu beschreiten.

Im Moment des Todes sollte man an Allah, Gott oder eine andere göttliche Figur denken. Ich glaube, dass man auf diese Weise Spannungen, Sorgen und Ängste zurückdrängen kann. Hier liegt auch teilweise der Grund, warum ich meine, dass alle großen Weltreligionen gleichermaßen das Potenzial in sich tragen, der Menschheit auf vielfältige Weise zu helfen, Trost und Hoffnung zu spenden – und geistige Bedrängnisse zu mindern. Sind wir mit körperlichen Missbildungen oder anderen Problemen von Geburt an konfrontiert, scheint es kaum Hoffnung und Aussicht auf Verbesserung zu geben. Und dennoch gibt es, trotz aller Handicaps, etwas in der Zukunft, auf das wir hoffen dürfen.

Nun wende ich mich der dritten, für praktizierende Buddhisten gedachten Darstellungsform zu: Was ist oder worin besteht ein sinnvolles und positiv geprägtes Leben? Wo liegen die Grenzen zwischen einem guten und weniger guten Leben? Es liegt in unserer Natur, uns nach Glück zu sehnen und nicht leiden zu wollen; es ist gleichsam ein menschliches Naturgesetz. Auf die Frage, warum wir diesen nicht wegzudenkenden Wunsch nach Glück in uns tragen, antwortet die buddhistische Lehre, dass alle negativen Erlebnisse und Erfahrungen nur von vorübergehender Dauer sind und ausgelöscht oder aufgelöst werden können. Oder anders gesagt: Weil es die Buddha-Natur, einen Keim von Buddha in uns gibt, können alle negativen Gefühle von uns ausgelöscht werden. Jedes empfindende Wesen trägt das Potenzial der Buddha-Natur in sich. Von Geburt an hat jeder den Wunsch, ja die Sehnsucht nach Glückseligkeit und möchte von Leiden weitgehend verschont sein. Auf dieser Basis sind jene Handlungen und Einstellungen, die Befriedigung und Glück herbeiführen, positiv, hingegen jene, die letztlich Leiden nach sich ziehen, negativ.

Wie kann man ein besseres Leben führen? Das wesentliche, entscheidende Element besteht darin – wie ich schon zuvor ausführte , anderen Wesen zu helfen. Je mehr Menschen uns lächelnd begegnen, umso mehr spüren wir in uns Frieden und Ruhe. Schauen uns mehr Menschen traurig an, fühlen wir uns auch traurig. Einmal begegnete ich Menschen, die nicht sehr alt waren und doch alt aussahen: Mutter, Vater und eine kleine Tochter. Sie verkauften Zeitungen, und auf ihren Gesichtern lag eine tief eingegrabene Traurigkeit. Sie zu sehen machte auch mich sehr traurig. Wenn man ein Lächeln bei anderen bewirken kann, erfährt man selbst mehr Glück; im gegebenen Moment erlebt man eine Mischung aus sofortiger Befriedigung, Zufriedenheit und Freude, und auf lange Sicht gewinnt man zuverlässige Freundschaften. Wobei man nicht vergessen darf, dass durch Geld gewonnene Freunde sicherlich keine echten Freunde sein können. Nur Freunde, die man durch menschliche Zuneigung gewinnt, sind echte Freunde.

Wenn man helfen kann, dann soll man, ja muss man helfen, Wenn man dazu aber nicht in der Lage sein sollte, so sollte man zumindest alles unternehmen, um anderen keinen Schaden zuzufügen. Es stellt sich dabei die Frage, warum wir uns eigentlich zurückhalten sollen, andere auf keinen Fall zu benachteiligen. Der Grund liegt in dem Prinzip der gegenseitigen Abhängigkeit. Unsere Zukunft ist abhängig von anderen. Das innere Glück eines Individuums ist ja auch von vielen Faktoren und Bedingungen abhängig. Unsere heutige Erfahrungswelt ist das Ergebnis der gestern angelegten Ursachen. Hinzu kommen als Ursache die Erfahrungen, die wir in unseren früheren Leben gemacht haben. Das ganze Universum kommt und geht, entsteht und vergeht auf diese Weise. Wenn man den modernen Theorien folgt, dann ist die Welt aus einem „Urknall" entstanden und wird sich irgendwann auflösen. Unterstellt man, dass diese These eine gewisse Berechtigung hat, dann müssen wir Buddhisten sie als solche ernst nehmen und darüber tiefer nachdenken. Gibt es so etwas wie einen Urknall, dann folgen ihm viele andere bzw. werden andere dadurch bewirkt. Insofern passt die buddhistische Theorie sehr gut in den Rahmen dieser Kosmologie. Denn alles Geschehen ist bewirktes Geschehen und folgt dem Gesetz von Ursache und Wirkung: alles verändert sich jeden Moment und ist in seiner Veränderung in den Komplex von Ursachen und Bedingungen eingebunden.

Die in allen Erscheinungen ständig stattfindenden Veränderungen und Umwandlungen sind also nie grundlos, sondern entwickeln sich aus einzelnen Ursachen und Voraussetzungen, wobei diese Ursachen - es mag banal klingen, muss aber für das Verständnis nochmals betont werden - keine Fremdursachen sind, sondern mit dem Bewirkten, d. h. mit den aus den Ursachen hervorgegangenen Erscheinungen in Übereinstimmung stehen. In diesem Zusammenhang gibt es zwei Kategorien von Ursachen: die substanziellen und die zusammenwirkenden Ursachen.

Nichts - und das schließt die *Bodhisattvas* und die erleuchteten Buddhas mit ein - währt ewig. Was vergänglich ist, ändert sich und ist der endgültigen Auflösung unterworfen. Selbst auf der Stufe der Buddhaschaft, und zwar in Bezug auf die Eigenschaften eines Buddha, werden wir feststellen, dass manche von Dauer, andere aber vergänglich sind. Somit kann kein Phänomen, nicht einmal die beständigen oder unbeständigen auf der Ebene der Buddhaschaft, sich der Veränderung und Auflösug entziehen. Selbst die *Karma*-Theorie ist ohne das Gesetz der Kausalität nicht zu denken. Alle Veränderungen sind nicht einfach durch den Geist geschaffen. Man muss zunächst begriffen haben, worin Wirklichkeit besteht, und dann auf der neu gewonnenen Erkenntnis über die Realität fußend eine Methode der Meditationspraxis entwickeln: So kommt es zu dem Prozess der Bewusstseinswandlung.

Wenn wir also über die Ausführung einzelner spiritueller Praktiken sprechen, dann sprechen wir damit zugleich über eine Lebensweise, die mit dem übereinstimmt, was die Natur in ihrem Wesen bestimmt und ihre Existenz auszeichnet. Wollen wir unsere meditativen Übungen in Einklang mit der Natur ausführen, ist es äußerst wichtig zu verstehen, wie die Dinge existieren - wir müssen das Gesetz der Natur kennen; von diesem Punkt her entwickeln sich die buddhistischen Lehren. In diesem Sinne lehrte der Buddha die Anwendung von Untersuchungsmethoden: nämlich auf der Grundlage, wie die Wirklichkeit ist und wie die Erscheinungen ihrem Wesen nach sind. In den Lehren des Buddha wird großes Gewicht auf eine gültige Wahrnehmung gelegt; denn erst im Rahmen dieser durch nichts verfälschten Wahrnehmung können wir die Natur, die Wirklichkeit verstehen und begreifen.

Haben wir das Gesetz der Natur verstanden und wissen wir, wie die Dinge existieren, dann erkennen wir während der Ausübung unserer spirituellen Übungen auch die Bedeutung und Wichtigkeit, unseren Geist Schritt für Schritt zu verändern. Derselbe Geist, der sich in seiner Wahrnehmung auf ein und dasselbe Objekt konzentriert, kann allmählich transformiert werden, indem die falsche bzw. die der Wirklichkeit nicht entsprechende Wahrnehmungsweise aufgegeben wird; dadurch wird der Geist schließlich zu der korrekten Wahrnehmungsform geführt. Verdeutlichen wir uns dies an einem Beispiel: Unterstellen wir, dass wir eine völlig verdrehte Vorstellung oder ein verzerrtes Bild von einem Gegenstand haben. Eine genaue Untersuchung kann in ihrem Verlauf dieses falsche, d.h. nicht wahrheitsgetreue und nur für wahr gehaltene Verständnis in einen Zweifel, diesen dann zunächst in eine der Wirklichkeit näher stehende Vermutung umwandeln. Aus dem Übergang vom Zweifel zu der sich daraus ergebenden richtigen Vermutung kann der Geist mit dieser auf Schlussfolgerung beruhenden Erkenntnis seine zuvor unrichtige Wahrnehmung in eine zutreffende umwandeln, die es dem Geist dann umgekehrt ermöglicht, den jeweiligen Gegenstand jetzt korrekt zu begreifen.

Wir sehen also, wie wichtig es ist, dass wir erkennen, wie Dinge tatsächlich existieren, und wir demnach zwischen Erscheinung und Tatsächlichem unterscheiden können. Um den Unterschied zwischen Erscheinung und Wirklichkeit zu reduzieren, muss man die Wahrheit kennen. Indem wir die Wichtigkeit betonen, Dinge so erkennen zu können, wie sie tatsächlich existieren, suchen wir diese Erkenntnis jedoch nicht allein um ihrer selbst willen, sondern weil wir Glück erstreben und Leiden vermeiden wollen. Wir können Glück erlangen und es uns auch erhalten und Leiden beenden, vorausgesetzt, wir verhalten uns in Übereinstimmung mit dem Gesetz der Natur und der den Dingen ureigenen Existenzweise. Dies war auch der Anlass, warum der Buddha die *Vier Edlen Wahrheiten* lehrte.

Unser Ziel ist anhaltendes Glück, und um es erreichen zu können, müssen wir die Ausgangsvoraussetzungen und Bedingungen dieses Ziels sorgfältig beachten. Darin besteht übrigens auch der Grund, warum wir auf Mitgefühl beruhende Gewaltlosigkeit üben sollen: wenn wir anderen schon nicht helfen können, dann sollen wir ihnen als Folge daraus keinen Schaden zufügen, weil wir existenziell und unserer Natur gemäß eben mit allen Menschen verbunden sind.

Vom frühen Morgen an, wenn wir geistig frisch und wach sind, sollten wir eine positive geistige Haltung einnehmen. Es darf dabei aber nicht nur beim Wunsch bleiben, sondern wir sollten uns diese Haltung durch analytische Meditation schaffen und bewahren. Sowohl die Vorteile einer positiven mentalen Einstellung wie auch andererseits das Leiden bzw. die Nachteile einer negativen Haltung zu analysieren und zu untersuchen, darin besteht die analytische Meditation; sie ist wirksamer als eine auf nur ein einzelnes Ziel gerichtete Meditation. Daneben dürfen wir aber auch das Prinzip des grenzenlosen Altruismus nicht aus den Augen verlieren. Mit dieser Einstellung sollten wir dann analytische und detailliertere Meditationen über die Vergänglichkeit und unsere verschiedenen Erfahrungen mit der Wirklichkeit anstellen; daran anschließend wieder über die Vergänglichkeit; und, falls man kann und daran Interesse hat, über die letzte, absolute Wirklichkeit.

Mitgefühl ist gleichsam der Weg oder die Methode und Weisheit der philosophische Unterbau bei dem Versuch, Wirklichkeit zu verstehen. Die Verbindung von Weisheit und richtiger Motivation ist der wahre Weg, unsere geistige Haltung zu ändern. Dabei lassen sich Gefühle wie Leidenschaft anfangs kaum vermeiden, da sie Teile unserer Charakterzüge aus der Vergangenheit sind. Wenn man diese Gefühle genauer untersucht und positive Gegenkräfte mobilisiert, werden sich die noch bestehenden negativen Gefühle auflösen. Andere Gefühlsarten wären beispielsweise ein ausgeprägter Altruismus und starkes Mitgefühl, die nicht aus einer vorherigen Charakterart gleichsam übernommen wurden, sondern die sich als Ergebnis aus der Betrachtung der Vor- und Nachteile aller Gefühle entwickelt haben. Durch diese Betrachtungen entwickeln wir unsere Motivationen. Die positiven Motivationen können durch analytische Meditation gewonnen werden, wobei die beiden Elemente Weisheit und Methode miteinander verbunden werden müssen. Wenn man schon von Tagesanbruch an diese positive Einstellung entwickelt, schafft man mehr positive Gefühle und Stimmungen, mit denen man dann den ganzen Tag über die am Morgen gewonnene positive Einstellung beibehält. Damit hat man zumindest einen Tag gewonnen, der, wenn auch noch nicht unbedingt perfekt, so doch weniger negativ ist. Am nächsten Tag sollte man ähnlich verfahren, indem man sich sagt: „Ich möchte diesen Tag zu einem positiven, sinnvollen Tag machen." Damit fährt man dann die folgenden Wochen fort; zu Beginn lässt sich nicht alles steuern und erreichen, aber im Laufe der Zeit und mit beständigem Eifer wird man schließlich irgendwann ein neues starkes Gefühl von Hoffnung spüren. Jedem ist dies möglich.

Alle diese positiven Kräfte zu aktivieren und aufrechtzuerhalten ist möglich, denn unsere innere Natur ist darauf ausgerichtet. Damit werden automatisch die negativen Mächte schwächer und die schlechten Dinge geringer; ja, es ist sogar möglich diese negativen Elemente völlig zu eliminieren. Es ist sicherlich nicht einfach und es müssen vielleicht erst mehrere Zeitalter vergehen. Davon sollte man sich nicht abschrecken lassen, denn es ist besser, bei diesem Prozess in Zeitaltern statt in Jahren zu denken. Einige ziehen sich mit großen Erwartungen für drei Jahre zurück; sie gehen als normale Menschen und hoffen, als ein großer *Bodhisattva* zurückzukehren. Da ich das für höchst unrealistisch halte, sollte man meiner Meinung nach für die Vervollkommnung große Zeiträume und nicht nur ein paar Jahre veranschlagen. Meine Erfahrung lehrt mich, dass zu hohe anfängliche Erwartungen später Quelle für Enttäuschung und Misserfolg werden. Was man von Anfang an braucht, sind Entschlossenheit und Durchhaltevermögen, gleich wie viele Zeitalter notwendig sind. Wenn es darum geht, etwas Richtiges zu tun, spielt Zeit keine Rolle, solange wir jeden Tag zu einem sinnvoll erfüllten Tag machen. Darin liegt der Zweck jeden Tuns – Zeit ist dabei weniger wichtig. Nur bei einer negativen Erfahrung ist auch Zeit ein bedeutsamer Faktor; handelt es sich um eine positive Erfahrung, ist Zeit kein für die Erfahrung als solche relevantes Element, da kann die Zeit nicht lang genug sein. So wie man am Abend den Geschäftserfolg des abgelaufenen Tages zum Beispiel in Form von Geld errechnet, so sollte man den Tag auch dahin überprüfen, ob er insgesamt ein positiver oder negativer war.

Darin besteht die Grundlage unseres täglichen Handelns, durch das wir unserem täglichen Leben größeren Sinn verleihen können; daneben könnte man auch einiges singen und rezitieren. Mit genügend fortgeschrittener Entwicklung können einige auch tantrische Praktiken durchführen. Ohne richtige Vorbereitung und ausreichende Grundlage jedoch würde die Visualisation einer Gottheit nur eine beliebige geistige Projektion und ziemlich nutzlos sein. Es gilt aber zu versuchen, unser Alltagsleben mit mehr Sinn zu erfüllen.

Die Übung gliedert sich normalerweise in zwei Elemente auf: die Meditationszeit selbst mit ihren Übungen und den post-meditativen Zustand, die Zeit nach Ablauf der Meditation. Während der Meditationsphase lädt man sozusagen seine Lebensbatterien wieder auf. Der Zweck, die spirituelle Energie wiederzugewinnen, läuft ja darauf hinaus, diese neugeschöpfte Energie nach Beendigung der Meditation im täglichen Leben einzusetzen. Der entscheidende Punkt bzw. die Herausforderung ist dann gegeben, wenn wir uns dem wirklichen Leben des Alltags zu stellen haben und es bewältigen müssen, sei es als Lehrer, Krankenschwestern, Ärzte, Politiker und so fort. Darin besteht die wahre Übung. Die Probe aufs Exempel unserer Mediationsübung und ihres Ergebnisses zeigt sich darin, wie wir unser Leben leben und unsere täglichen Angelegenheiten erledigen. In unseren verschiedenen Arbeitsbereichen verführen uns immer wieder bestimmte Situationen dazu, andere Menschen zu täuschen oder zu manipulieren oder überhaupt Schlechtes zu tun. Auch wenn man der Verführung kaum entgehen mag, sollte man sich immer wieder daran erinnern, wie notwendig es ist, sich davon fernzuhalten. Die wahre Übung besteht also darin, solche Taten nicht zu begehen.

Wenden wir uns nun der wichtigen Übung im Moment unseres Todes zu. Wenn wir als Erstes für uns akzeptieren, dass unsere Übung insgesamt über viele Zeitalter, viele Lebensläufe dauern wird, gewinnen wir einen neuen Ausblick auf den Tod. Warum der feine, subtile Geist letztlich bleibt, lässt sich auf vielerlei Weisen erklären. Es gibt viele Gründe für seine Existenz. Er hat keinen Anfang und kein Ende, was nach den Schriften von Nagarjuna auf verschiedene Weise begründet wird. Die gröbere, auf sinnliche Wahrnehmung ausgerichtete Ebene unseres Geistes existiert aufgrund unseres Gehirns, und je nach den unterschiedlichen Entwicklungsstufen sprechen wir von einem menschlichen Geist, animalischen Geist und so fort. Nochmals: Jene gröberen Ausformungen des Geistes, die in unmittelbarer Abhängigkeit vom menschlichen Gehirn und Körper stehen, nennen wir den menschlichen Geist. Da diese Geistesfunktion von der Gehirnfunktion abhängt, hört sie auf tätig zu sein, sobald das Gehirn seine Funktion einstellt. Wenn aber das Gehirn als eine mitwirkende Bedingung benutzt wird, müssten das Vermögen, den Gegenstand sehen zu können und die Fähigkeit, dieses Vermögen weiterhin beibehalten zu können, aus einem anderen Grund (als dem des Gehirns) abgeleitet werden. Dieser Grund wird substanziell genannt. Ohne ihn kann das soeben beschriebene Vermögen nicht zur Existenz kommen.

Das ist auch der Grund, warum wir nicht einen bestimmten Zeitpunkt angeben und sagen können, dass genau in diesem Moment der subtile Geist zu existieren begann. Dieses anzunehmen hieße, dass der subtile Geist aus etwas anderem entstanden wäre, das dem Wesen nach nicht Geist wäre. Es verhält sich in Hinblick auf die vielen Lebenszyklen wie mit dem Wechseln von Kleidern: man wird alt und verändert sich.

Welche Haltung man dem eigenen Tod gegenüber einnimmt, ist nicht einerlei. Die klare Erkenntnis, dass er Teil des Lebens ist und aufgrund von Unwissenheit und negativen Gefühlen entstanden ist, gibt zu denken. So gesehen beruht die Existenz des Körpers hauptsächlich auf Begehren. Die Einsicht, dass das eigene gegenwärtige Leben auf Unwissenheit und Begehren beruht, und die Fähigkeit, die eigene Existenz als eine durch Unwissenheit und Begehren projizierte Existenz zu begreifen, wird zu der Erkenntnis führen, dass etwas, dass Resultat von Unwissen und Abhängigkeit ist, unweigerlich Leiden hervorruft; das liegt in seiner Natur. Die einmal gewonnene Einsicht in diese komplexe Realität hilft den eigenen Blickhorizont zu erweitern.

Die Erkenntnis unserer eigenen Existenz als Ergebnis von Unwissenheit und Begehren und wesentlich als Leiden, ist im Zusammenhang mit den *Vier Edlen Wahrheiten* zu sehen, und zwar in zwei Kategorien oder auf zwei Ebenen: die reine Klasse und die unreine Klasse. Die zweite, unreine Klasse betrifft die ersten zwei Edlen Wahrheiten – das wahre Leiden und seinen Ursprung. Die zweite Ebene der *Vier Edlen Wahrheiten* erläutert die reine Klasse, die Beendigung des Leidens und den Weg, der dort hinführt. Dass wir Leiden erkennen, ist wichtig, aber genauso wichtig ist es, die Möglichkeit der Beendigung dieses Leidens und die Auflösung seiner Bedingungen zu sehen. Diese Einsicht stärkt unseren Wunsch, Leiden zu beseitigen, aber dafür ist es auch unabdingbar, zu verstehen, was dieses Leiden ist. Falls wir nämlich überhaupt kein Verständnis über die Möglichkeit, Leiden zu beseitigen, haben, ist es von vornherein nicht sinnvoll, über Leiden nachzudenken. Es ist also besonders wichtig, dass wir wissen, dass uns die Möglichkeit, Leben auf einer höheren Ebene zu erlangen, das eines Menschen oder eines Wesens im Götterbereich, gegeben ist. Es gibt zwei Arten von Wiedergeburt: eine, die zu noch größerem Leiden, und die andere, die zu größerem Glück führt.

Derselbe Gegenstand kann aus unterschiedlichen Perspektiven betrachtet werden, wodurch wir von demselben Gegenstand, je nach Blickwinkel, einen unterschiedlichen Eindruck gewinnen. Die Wichtigkeit, ein und denselben Gegenstand aus verschiedenen Blickwinkeln zu sehen und zu untersuchen, steht in Einklang mit der Wirklichkeit, weil jeder Gegenstand mehrere Aspekte und Perspektiven besitzt.

Worin besteht also die Grenzziehung, mit der wir festlegen können, was existiert und was nicht? Die Grenze zwischen Existierendem und Nichtexistierendem ist wie folgt: Was durch eine zutreffende und unverfälschte Wahrnehmung erfasst wird, existiert, was nicht auf diese Weise erfasst werden kann, existiert auch nicht. Diese Art von Grenzziehung oder Erklärung wird sicher noch mehr Fragen aufwerfen – sie ist auch gewiss nicht einfach zu verstehen. Daher halte ich Nagarjunas Definition des Unterschieds zwischen Existenz und Nicht-Existenz für überzeugend und der Fragestellung angemessen.

In seiner Schrift führt Nagarjuna aus, dass etwas als existierend angesehen werden kann, wenn seine Existenz in Übereinstimmung mit den von Menschen allgemein geteilten Annahmen und Überzeugungen steht und wenn diese Annahmen nicht in Widerspruch zu Einsichten geraten, die durch andere zutreffende Wahrnehmungen oder Untersuchungen gewonnen wurden.

Dies ist also die einzige Grenze zwischen existierenden und nicht existierenden Dingen – wobei jedoch bei einem als existierend erkannten Objekt verschiedene Aspekte und Blickwinkel gegeben sind. Deshalb ist der Begriff der relativen Existenz angebracht; aus dieser Perspektive ist alles relativ. Es gibt hier keine absolute Existenz oder Wirklichkeit. Die Natur des Leidens zu begreifen ist sehr hilfreich, wenn wir einmal wirklich Problemen oder Schmerzen ausgesetzt sind. Wir wissen dann in solch einem Moment, dass unsere bloße Existenz ihrem Wesen nach leidvoll ist bzw. jederzeit Leiden mit sich bringen kann. Das ist die Grundlage, von der wir ausgehen müssen. Wir können dann Leiden als etwas Natürliches akzeptieren, und wenn wir damit konfrontiert sind, sehen wir diese Erfahrung nicht als etwas Unmögliches an, denn wir verstehen dann diese Wirklichkeit unserer Existenz. Wir haben eine realistische Einstellung, und anstatt geistig frustriert zu werden, streben wir danach, eine negative Reaktion zu vermeiden und erreichen schließlich einen Zustand, in dem wir negative Reaktionen vollkommen überwinden können.

Im Moment des Todes kann die geistige Verfassung, in der wir dem Tod begegnen, von zwei Arten sein: es gibt eine gröbere geistige Ebene und eine subtile. Auf der gröberen Ebene können beistehende Freunde helfen, indem sie bestimmte positive Einstellungen stärken. Aber auf der subtilen Ebene sind die „außen stehenden" Freunde keine Hilfe. Es sind die über eine lange Zeit entwickelten positiven gewohnheitsmäßigen Tendenzen, die in solchen Momenten entscheidend sind. Wir sollten uns daher schon von jungem Alter an mit dem Tod beschäftigen, uns mit ihm „bekannt machen", und uns über die verschiedenen Stufen des psychischen Prozesses klar werden, der mit der Auflösung unseres Geistes einhergeht. Wenn möglich, sollten wir uns in täglichen Meditationen und inneren Vorstellungen diesem Komplex nähern. Statt der Furcht entwickeln wir vielleicht ein besseres Verständnis für den Tod. Viele Jahre der Vorbereitung sind notwendig. Wenn wir durch Meditation unser tieferes und subtiles Geist-Bewusstsein erfahren haben, können wir im entscheidenden Moment den Prozess des Todes beeinflussen und kontrollieren. Das kann, darauf muss einschränkend hingewiesen werden, nicht von jedem ohne Weiteres durchgeführt werden, sondern nur von denjenigen, die eine höhere Ebene in ihrer Meditationspraxis erlangt haben. Wenn dies in Verbindung mit einer tantrischen Praxis geschieht, kann auch die Bewusstseinsübertragung vollzogen werden. Aber die wichtigste und zugleich wirksamste Praxis bestünde darin, *Bodhicitta*, die grenzenlose Selbstlosigkeit, nicht außer Acht zu lassen. Obwohl ich mich jeden Tag verschiedenen Yoga-Übungen unterziehe, die Gottheiten zum Inhalt haben, halte ich am meisten davon, zum Zeitpunkt des Todes eine größtmögliche Konzentration auf *Bodhicitta* zu entwickeln.

Bodhicitta bedeutet das Kultivieren einer altruistischen Einstellung und der Wunsch, Buddhaschaft zum Wohle aller leidenden Wesen zu erreichen. Wenn man an dieser Geisteshaltung festhält, wird sie von Anfang an eine starke Wirkung ausüben. Was tantrische Übungen betrifft, kann man gewisse innere Bildvorstellungen durchführen und bestimmte Mantras zitieren, aber wenn dies nicht zusammen mit anderen notwendigen Übungen geschieht, können sich diese isolierten tantrischen Übungen nachteilig auswirken.

Abschließend möchte ich sagen, dass im Moment des Sterbens Ruhe durch Haltungen wie *Bodhicitta* von selbst aufkommt. Vom buddhistischen Standpunkt her gesehen befindet sich der Geist im Übergang zum Tod in einer äußerst prekären und komplizierten Lage - wenn es gelingt, eine starke positiv gestimmte Wirkung im Moment des Todes zu schaffen und zu hinterlassen, wird diese Wirkung eine sehr mächtige Kraft in der Fortführung positiver Erfahrungen im nächsten Leben; das ist gewiss. Für einen Buddhisten wäre es die richtige Weise, ein sinnvolles Leben zu führen und auf dieser Grundlage dem Tod zu begegnen. Im Tantra findet sich der Ausdruck: den Tod auf den Pfad des „Wahrheitskörpers“ oder *Dharmakaya* bringen. Die Erfahrung des Todes wird somit zu einer spirituellen Erfahrung. Der Zwischenzustand nach dem Tod wird ebenso auf den Pfad des „Freudenkörpers“ oder *Sambhogakaya* gebracht, und die Geburt wird auf den Pfad des „Ausstrahlungskörpers“ oder *Nirmanakaya* gebracht.

Die Erfahrung, die wir im Moment des Todes machen werden, ob positiv oder negativ, basiert sehr stark darauf, wie wir unser Leben geführt haben. Dabei sollten wir dem wichtigsten Leitsatz folgen, nämlich: unser Leben sinnvoll und positiv gestalten und gut und glücklich leben.

Einer der buddhistischen Grundsätze verlangt, dass wir niemandem etwas zuleide tun, sondern nur Gutes. Wie soll man – im praktischen Leben – vorgehen, wenn jemand die Absicht hat, uns zu töten, wir aber keine Möglichkeit zur Flucht haben?

Von einem weiter gefassten Standpunkt fragen wir: Worin besteht der Zweck unseres gegenwärtigen Lebens? In diesem Zusammenhang ist es wichtig, für sich selbst zu wissen, wie sehr man anderen nutzen und ihnen helfen kann. Es gilt auch der Grundsatz, dass man bei einem Angriff dem Angreifer zunächst ausweichen, aber sich natürlich zur Wehr setzen sollte, wenn dies nicht möglich ist. Ich meine, es gibt ein individuelles Recht, sich verteidigen zu dürfen. Man sollte Töten vermeiden und stattdessen den Angreifer nur so verletzen, dass er seinen Angriff nicht weiter ausführen kann – vorausgesetzt, man hat dazu überhaupt die Möglichkeit.

Sind die sechs Welten von Samsara *tatsächliche konkrete Welten oder bloße zyklisch auftretende Zustände des Seins?*

Sie sind wirklich. Ich gehe davon aus, dass sie tatsächlich existieren. Zugleich muss ich aber hinzufügen, dass ich nicht weiß, ob man die uns darüber tradierten Erklärungen wörtlich nehmen muss oder nicht.

Wie soll man weiter an das Gute im Menschen glauben können, wenn man das Leid und den Schmerz sieht, den der Mensch seinem Mitmenschen zufügt?

Aus einem weiten Blickwinkel gesehen haben alle Menschen ja nur durch die Fürsorge ihrer Mütter oder einer mütterlichen Person überlebt, für die sie wiederum Anteilnahme und Mitgefühl hegten. Ohne gegenseitige Fürsorge und Mitgefühl ist kein Überleben möglich; das Überleben so vieler Milliarden von Menschen ist lebender Beweis dieser Tatsache. Ein weiterer Grund ist unser (menschlicher) Körper: negative Gefühle beeinträchtigen unsere Gesundheit, gute Gefühle oder geistiger Frieden wirken sich positiv auf unseren Körper aus; dies ist meine Grundüberzeugung. Das heißt nun nicht, dass wir keinerlei negative Aspekte oder Elemente in unserer Natur vorfinden würden; negative Gefühle sind auch Teil unseres Geistes. Ich meine jedoch, dass man am besten und wirksamsten seine Mitmenschen und ihre innere Einstellung ändert, indem man Mitgefühl und Anteilnahme zeigt und sie nicht seinen Zorn spüren lässt. Es ist schwierig, ohne Mitgefühl zu überleben. Ohne Zorn und Groll ist nicht nur das Überleben einfacher, sondern das Leben überhaupt wird glücklicher. Für mich ist die entscheidende Kraft in unserem Leben die liebevolle Zuneigung des Menschen zu seinem Mitmenschen.

Die moderne Wissenschaft sieht den Menschen und seine Persönlichkeit durch Gene und Umweltfaktoren bestimmt. Wie lässt sich diese Sicht mit der Reinkarnation vereinbaren?

Wir nennen den gröberen Aspekt des Geistes das menschliche Bewusstsein. Dieser Aspekt ist an das Hirn, also den Körper gekoppelt und somit auch genetisch bestimmt. In diesem Zusammenhang liefert die moderne Wissenschaft in der Tat viele neue und überzeugende Erkenntnisse. Es gibt aber viele „Grauzonen", Dinge und Erscheinungen, die sich einer wissenschaftlichen Erklärung bisher entzogen haben und immer noch weiter untersucht werden müssen.

Wie kann man sich sicher sein, dass man tatsächlich das Richtige oder Gute tut – für andere mag das, was ich als gut erachte, vielleicht genau das Gegenteil sein, nämlich etwas Schlechtes.

Die Natur der äußerst subtilen Geistesebene sowie die positiven Faktoren, die es auf einer sehr subtilen Ebene gibt, sind natürliche Geisteszustände. Dieser Komplex ist nicht leicht zu erklären, aber im Großen und Ganzen kann man sagen, dass – vor diesem Hintergrund – alle Handlungen (unabhängig von ihrem Zweck) und inneren Einstellungen, die aufgrund negativer Gefühle oder Stimmungen entstanden, nicht positiv zu bewerten sind. Negativ besetzte Gefühle und Haltungen stören unseren inneren Frieden, bringen unser seelisches Gleichgewicht durcheinander. Treten Hass, Eifersucht und Gier auf, gibt es keinen geistigen Frieden mehr. Es kann sich aber auch ein Gefühl des Missbehagens entwickeln, wenn man, durch sein starkes Mitgefühl (*Karuna*) geprägt, andere leiden sieht; dieses unangenehme Gefühl beim Anblick des Leidens anderer ist jedoch in diesem Fall nicht negativ zu bewerten, denn es beruht ja auf unserem Mitgefühl. Wir akzeptieren also das negative Gefühl, wobei unsere tiefe Ruhe und Ausgeglichenheit ungestört bleiben.

Alle Handlungen und Einstellungen, die durch negativ besetzte Gefühle bewirkt wurden, sind schlechte Taten. Dagegen gibt es Haltungen und Handlungen, die ethisch positiv zu bewerten sind, da sie zu *Karuna* führen und eine positive, höhere Wiedergeburt ermöglichen.

Wenn man feststellen muss, dass ein Familienangehöriger an Krebs erkrankt ist, wie kann man mit dieser unheilbaren Krankheit als einer Stufe im persönlichen Reifen umgehen, und wie können Verwandte und Freunde das Leiden in etwas Produktives umformen?

Wenn der betreffende Mensch einen bestimmten Glauben hat, dann sollte man mit der Krankheit im Rahmen und nach den Grundsätzen dieses Glaubens umgehen; hat Glauben keinerlei Bedeutung für diesen Menschen, dann sollten Familienangehörige und Freunde ihr Mitgefühl und ihre Anteilnahme zeigen und die Bürde der Krankheit gemeinsam mit dem Kranken tragen.

Wir müssen oft mit ansehen, wie gute Menschen leiden müssen und schlechte Menschen Vorteile und Ansehen genießen. Wie kann man dann noch an ein positiv und ehrlich geführtes Leben glauben?

Für den Buddhismus greift diese Sicht zu kurz, sie ist gewissermaßen blind; genauso ist die daraus gezogene Schlussfolgerung voreilig. Bei näherer Betrachtung wird man erkennen, dass die „schlechten“, aber alle Vorteile besitzenden Menschen ganz bestimmt nicht glücklich sind. Man darf aber wiederum nicht vergessen, dass die Zukunft eines jeden einzelnen Menschen in dessen Verantwortung liegt. Man sollte sich – unabhängig von dem, was andere tun oder lassen – immer redlich verhalten. Sicher gibt es Menschen, deren Lebensführung und -gestaltung negativ ist, aber dem sollte man nicht folgen. Man kann eigene Untaten (wie zum Beispiel das Töten) nicht dadurch argumentativ rechtfertigen, dass andere sich ja auch so verhalten. Vielmehr sollte man Verantwortung für sein eigenes Leben übernehmen, und man sollte es positiv führen.

Es gibt Menschen, die sich unethisch verhalten, viel Schlechtes bewirken und sich dabei mehr des Lebens erfreuen als andere, gute Menschen. Von einem buddhistischen Standpunkt lässt sich sagen, dass der Grund darin liegt, dass diese Menschen nur sehr wenige gute Taten verrichtet haben und diese nicht genügen, um ihnen eine Reinkarnation auf einer höheren, glücklicheren Existenzebene zu ermöglichen. Zur Zeit genießen sie die Früchte der wenigen guten Taten, aber diese Früchte werden bald aufgebraucht sein.

Warum hat sich die menschliche Spezies aus den niedrigeren Stufen und Formen von Tieren entwickelt? Was hat das zu bedeuten?

Das liegt an dem immerfort stattfindenden Evolutionsprozess. Buddhisten gehen davon aus, dass vor der Entstehung der Galaxien verschiedene Energien zusammenkamen und sich irgendwann feste Formen und unterschiedliche Moleküle entwickelten. Die buddhistische Sichtweise und die Darwin'sche Theorie liegen, was die Evolution angeht, gar nicht so weit auseinander.

Müssen wir immer und immer neu als Menschen wiedergeboren werden, bis wir Nirvana *erreichen?*

Wenn man in diesem jetzigen Leben in das *Nirvana* eintreten kann, wäre das das Beste. Sollte uns dies nicht gelingen oder möglich sein, dann lässt sich *Nirvana* durch viele aufeinander folgende Lebenszyklen erreichen; die Verkörperung in einem menschlichen Leben ist Bedingung dafür.

Kann man davon ausgehen, dass ein gewisses Maß an Leiden für die spirituelle Entwicklung eines Menschen hilfreich ist?

Unter der Bedingung, dass man nicht in Leid und Unglück verharrt, kann diese Art von Erfahrung zur spirituellen Entwicklung beitragen.

Wenn man sich von seinem negativen Bewusstseinszustand zu einem positiven hin ändern möchte, wie sollte man mit den anfänglichen Momenten des Zweifels und der Ungeduld umgehen bzw. diese meistern?

Während des Anfangsstadiums ist es äußerst wichtig, den gesamten Prozess, den ganzen noch zu gehenden spirituellen Weg zu überblicken. Mit einem guten Vorverständnis für die unterschiedlichen Stufen des Gesamtweges kann man im Geist die notwendigen Schritte vorwegnehmen, so dass die effektive Umsetzung dann umso leichter fällt. In der tibetischen Tradition werden daher Studium und Meditation kombiniert. Das ist eine bewährte Tradition.

Wie findet man einen Ausgleich zwischen einer juristischen Gesetzgebung und moralischen Werten?

Es scheint, als sei das Gesetz ein von allem anderen abgetrennter Bereich, und einige meinen, das Gesetz kennt keine Moral bzw. moralische Normen. Ich kann das nicht beurteilen. Als Buddhist halte ich in einer dem Menschen gegenüber aufgeschlossenen und die Grundrechte achtenden Gesetzgebung das Recht und die Freiheit des Einzelnen für die bedeutendsten Elemente; was nicht heißt, dass man Recht und Freiheit anderer missachten dürfte.

1995

5. Der Weg spiritueller Praxis

Vier Jahre sind seit unserer letzten Zusammenkunft in dieser Halle vergangen. Vier Jahre, das sind 1460 Tage. Die Tage und Nächte kommen und gehen ohne Unterlass, gleichgültig, ob wir sie recht nutzen oder nicht, und sie warten nicht darauf, ob etwas Gutes eintritt oder nicht. Nicht nur der Wechsel von Tag und Nacht, sondern auch unser Atmen ist ein fortlaufender Prozess. Tatsächlich liegt der Grund des dauernden Wechsels im Wesen des Atmens; dieser dynamische Prozess immer neuer Veränderungen, den wir über das gesamte Spektrum der Wirklichkeit beobachten können, hat seinen Ursprung im Wesen der Schöpfung selbst.

Die Struktur unseres Körpers und seiner Teile ändert sich ebenfalls die ganze Zeit über, wobei aber im Grunde genommen wir Menschen alle gleich sind; wir haben den gleichen Geist und die gleichen Wünsche. Wir alle erstreben Glück und wollen Leiden überwinden. Menschen, Tiere oder Insekten unterscheiden sich nicht, was den Wunsch nach Glück und Überwindung des Leidens angeht. Der Mensch hebt sich jedoch insofern ab, als er, anders als Tiere, mit Intelligenz, Vernunft und Erinnerungsvermögen ausgestattet ist und den Prozess und die Tiefe des Leidens von einer höheren Warte her betrachten kann. Aufgrund dieses Vermögen entstanden Philosophie und Religion.

Weil wir einen Körper und Geist haben, erfahren wir Schmerz und Freude. Schmerz und Freude sind auch abhängig von unserer geistigen Einstellung. Bei näherer Betrachtung stellen wir fest, dass körperlicher Schmerz und Freude durch den Einfluss mentaler Kräfte verstärkt und gedämpft werden können. Unser körperlicher Zustand mag Entbehrungen und Not, sogar Schmerzen mit sich bringen; wenn wir jedoch die richtige mentale Haltung einnehmen, d. h. ruhig und gelassen sind, können wir den für uns zunächst unangenehmen körperlichen Zustand nicht nur ertragen, sondern auch zum Guten beeinflussen. Es kann sogar dazu kommen, dass wir trotz körperlicher Schmerzen glücklich sind und uns wohl fühlen. Es ist uns also durchaus möglich, mit einer richtigen mentalen Einstellung Leiden zu überwinden.

Wenn andererseits unser seelischer Zustand von Schmerz bestimmt ist, kann die körperliche Not nicht gemindert werden. Man sieht also, dass das Mentale stärker als das rein Körperliche und ihm daher überlegen ist. Jeder kann seinen Geist üben und richtig anwenden – die Änderung der inneren Einstellung kann den Blick auf die Welt und die Wirklichkeit erweitern.

Es gibt zwei Arten von Spiritualität: die eine ist gekoppelt an religiösen Glauben, die andere nicht. Ich meine, dass die zweite Art sehr wichtig ist, denn obwohl die meisten Menschen in eine bestimmte Religionsgemeinschaft und Glaubenskultur hineingeboren sind, folgen sie in ihrem täglichen Leben kaum den jeweiligen Glaubensgrundsätzen; dafür sind die meisten Menschen zu sehr um Geld und um ihr materielles Wohlergehen besorgt. In diesem Sinne muss man die Mehrzahl der Menschen heutzutage den Nichtgläubigen zurechnen.

Nicht wenige unserer heutigen Probleme sind von uns Menschen selbst geschaffen worden und Ergebnis unseres Handelns; in Anbetracht dessen scheint es unserem Denken und unserer Wahrnehmung an etwas zu mangeln. Infolgedessen lassen wir zu, dass bestimmte Angelegenheiten sich zu großen Problemen mit harten und schrecklichen Langzeitfolgen auswachsen – ohne dies zu wollen, aufgrund mangelnder Weitsicht und mancher Gleichgültigkeit. Daher ist eine besondere Art von Spiritualität ohne Verbindung zu einem einzelnen bestimmten Glauben von besonderer Wichtigkeit. Man darf nicht meinen, Begriffe wie Liebe, Mitgefühl und Vergeben seien rein religiöser Art. Es zeugt von einer verengten Sicht, wenn man glaubt, dass diese moralischen und ethischen Aspekte außerhalb der Religion und des Glaubens keine Bedeutung hätten.

Sicher trifft es zu, dass diese ethischen Fragen in allen großen Religionen einen hohen Stellenwert besitzen. Wenn wir es jedoch genau betrachten, dann sind religiöser Glauben auf der einen und Liebe, Mitgefühl und Vergebung auf der anderen Seite in ihrem Wesen voneinander sehr verschieden. Nach buddhistischer Überzeugung besitzt ein Mensch bei seiner Geburt keinen religiösen Glauben und hängt auch keinen Überzeugungen oder Ideologien an; er ist davon völlig frei. Im selben Moment ist jedoch das Bedürfnis eines Neugeborenen nach Liebe und menschlicher Nähe äußerst stark. Ohne menschliche Zuneigung könnte es nicht überleben; ohne religiösen Glauben jedoch sehr wohl. Bei Tieren spielen Religionen, Glaubensrichtungen und Rechtsverfassungen offensichtlich keine Rolle, sie wissen aber dennoch sehr genau, wie sie sich um ihre Nachkommen zu kümmern haben. Sie sorgen sich um sie und besitzen auch einen Sinn für Altruismus. Tiere können begrenzten Altruismus entwickeln, aber im Gegensatz zum Menschen keinen unbegrenzten. Zum Beispiel wird ein Tier die Wunde eines anderen lecken und somit zu helfen versuchen. Tiere verfügen über begrenzte Intelligenz und daher auch über ein begrenztes Erinnerungsvermögen, das sich verglichen mit dem menschlichen recht bescheiden ausnimmt. Verschiedene Tierarten besitzen unterschiedlich ausgeprägte Intelligenzgrade, wobei einige durchaus bestimmte Situationen äußerst geschickt handhaben und einschätzen können. Die Menschen verfügen über eine höhere Intelligenz und eine größere Fähigkeit, grenzenlosen Altruismus und ein sehr gutes Erinnerungsvermögen zu entfalten; darin sind Menschen einzigartig.

Leben ist ein fortlaufender und in dauernder Veränderung befindlicher Prozess. Zeit verstreicht, und nichts bleibt so, wie es einmal war. Deshalb sollten wir ein klares Bewusstsein darüber haben, wie wir Zeit richtig und konstruktiv nutzen können. Um unser Leben sinnvoll zu gestalten, sollten wir unsere einzigartige Intelligenz und unser übriges Potenzial voll ausschöpfen. Auch als ein Nichtgläubiger, der man ruhig bleiben mag, sollte man ein warmherziger Mensch sein und seine Intelligenz nicht destruktiv anwenden. Das Ziel oder der Zweck unserer Intelligenz liegt sicherlich nicht in der Zerstörung. Verursachen wir anderen Schmerz, werden letztendlich wir selber leiden – das ist nur logisch. Bereiten wir ihnen jedoch Freude, werden wir irgendwann dafür entlohnt und Befriedigung erlangen. Wir mögen keinen materiellen Gegenwert erhalten, was auch völlig irrelevant wäre – geistig werden wir jedoch eine hohe Befriedigung empfinden. Damit wir ein von Sinn und Glück erfülltes Leben führen können, sollten wir die einmaligen menschlichen Qualitäten und Merkmale wie Intelligenz, die Fähigkeit zum Altruismus und zur Fürsorge konstruktiv anwenden. Liebe, Mitgefühl und die Fähigkeit zur Vergebung sind meiner Meinung nach wesentliche Charakteristika des Menschen. Der Glaube entwickelt sich erst später. Mit ihm können wir ein glückliches Leben führen, aber ohne Fürsorge, Verpflichtung und Verantwortung dem Nächsten gegenüber können wir nicht glücklich und erfolgreich sein.

Jeder von uns muss auf seine Gesundheit achten. Ein glücklicher und ruhiger Geist wirkt sich sehr positiv auf unsere Gesundheit aus. Anhaltende Sorgen und Ängste zerstören sie. Die moderne Medizin beginnt, die entscheidende Bedeutung psychischer Befindlichkeit für unsere Gesundheit zu erkennen und zu verstehen.

Auch für eine glückliche Familie, eine sorgenfreie Gesellschaft und für Gemeinschaften sind diese inneren geistigen Elemente und ihre Auswirkung nicht zu unterschätzen. Oft drängt sich mir der Eindruck auf, dass wir uns viel zu sehr um unsere Handlungen und deren Resultate kümmern, anstatt uns zu fragen, was unsere Beweggründe oder die Anlässe und Bedingungen für unsere jeweiligen Handlungen sind. Im Moment eines großen Unglücks sind dann alle schockiert und in ihrem Innersten tief betroffen. Aber die Menschen beachten zu wenig und zu spät die Gründe und Bedingungen eingetretener Katastrophen. Wenn sich diese Bedingungen so weit entwickelt haben, dass sie sich nicht so schnell ändern oder ausschalten lassen, kann keine Macht das Entstehen solch verhängnisvoller Ereignisse aufhalten; dann wirkt sich das Gesetz der Kausalität voll aus. Ich glaube, dass geistige Aspekte in der heutigen Welt sehr wichtig sind und große Wirkung besitzen. Die Wirklichkeit hat sich drastisch verändert – vor allem im 20. Jahrhundert –

und ändert sich immer noch. Das liegt an der hochentwickelten Technologie, dem immens angestiegenen Informationsfluss, einer schnell anwachsenden Bevölkerung und Problemen, die der Mensch selbst verursacht hat, wie zum Beispiel der Umweltverschmutzung. Menschen, die heute in Delhi leben, erleben heute die Folgen der „guten Taten" oder auch der Nachlässigkeit und Gleichgültigkeit vorangegangener Jahrzehnte.

Unsere Wahrnehmungen und die daran geknüpften Einstellungen scheinen dem Tempo der sich verändernden Welt fast nicht mehr folgen zu können. Heute spielen Trennungslinien und Grenzen zwischen Ländern und Völkern und Entfernungen zwischen Kontinenten kaum noch eine Rolle. Unser Planet ist sehr klein geworden. Wenn wir ihn aus dem Weltraum betrachten, erscheint er sehr klein, und das entspricht auch dem Status und der Bedeutung, die der Planet im Weltall besitzt. Wir müssen diese Tatsache akzeptieren, damit wir unsere Denkweise ändern können.

Die Existenz des Einzelnen ist eng verbunden mit der anderer Menschen. Wirtschaft, Erziehung und viele andere Bereiche hängen sehr stark voneinander ab. Vorstellungen von „wir hier" und „die dort" haben ausgedient; sie sind bedeutungslos geworden. Die ganze Welt ist einem Teil unseres Körpers vergleichbar. Nehmen wir zum Beispiel meine Hand und meinen Fuß. Verspüre ich in meinem Bein einen Schmerz, wandert meine Hand zu der betreffenden Stelle, um sie zu reiben und den Schmerz zu lindern. Dieses Beispiel lässt sich auf andere Situationen übertragen. Einer unserer Nachbarn muss sich vielleicht mit einem schwerwiegenden Problem auseinander setzen. Wir könnten sagen, nun ja, er ist halt nur ein Nachbar – aber als Nachbar ist er ein Teil unserer Gemeinschaft, von der wir auch wiederum ein Teil sind. Wir müssen Mitgefühl und Fürsorge, ein Gespür für Verbundenheit untereinander entwickeln, weil der Schaden unseres Nachbarn - und damit unserer Nachbarschaft überhaupt - auf uns zurückfallen und uns selbst betreffen könnte. Unter diesen Vorzeichen müssen wir einen weiter gefassten Blick entwickeln, um auf die Menschheit als eine große Familie blicken zu können. Natürlich gibt es verschiedene Rassen, unterschiedliche Traditionen und Kulturen, kaum miteinander zu vergleichende Religionen - wenn man nach Unterschieden sucht, wird man zweifellos etliche finden. Trotz allem teilen wir miteinander einen gemeinsamen Planeten; und wenn andere leiden, leiden wir schließlich auch. Sind wir glücklich, werden andere auch glücklich werden. In dieser Hinsicht brauchen wir ein Gefühl der Verantwortung für den gesamten Globus, eine alles einschließende Verantwortung.

Denkt man vermehrt über andere nach, entwickelt sich ein Gefühl der Fürsorge. Dieses Denken gibt uns eine größere innere Stärke. Wenn man nur an sich denkt, wird ein inneres Gefühl von Unzulänglichkeit aufrechterhalten, denn indem man immer nur sich selbst zum Gegenstand seines Denkens macht, verstärkt sich automatisch das Gefühl, dass man im Vergleich zu anderen zu kurz gekommen ist, woraus sich dann Argwohn entwickelt, was wiederum mehr Ängste aufkommen lässt. Diese Geisteshaltung beschäftigt sich nur mit dem eigenen Schmerz und Glück; das schafft ein Gefühl der inneren Leere und später der Furcht und Unsicherheit. Dieselbe Geisteshaltung, nun aber konzentriert auf den Schmerz und das Leid anderer, macht uns innerlich stark. Sorgen, die nur um einen selbst kreisen, fördern Furcht, Zweifel und Angst, gepaart mit Gefühlen des Verlorenseins und der Einsamkeit.

Wenn wir schon egoistisch und selbstsüchtig sein sollen oder wollen, dann sollten wir es auf eine kluge und weise Art sein. Die ganze Zeit über nur über uns selbst nachzudenken ruft letztlich mehr Leiden hervor. Deshalb sollten wir zu unserem eigenen Nutzen in unserem Denken verstärkt andere mit einbeziehen. Betrachten wir unser eigenes tägliches Leben und das der Nachbarn, entwickeln wir im Laufe der Zeit eine stärkere innere Selbstsicherheit. Selbstlosigkeit nutzt anderen und uns selbst.

Jeder Mensch, ob gebildet oder ungebildet, reich, arm oder körperlich missgestaltet, besitzt in sich das Potenzial, einige dieser positiven menschlichen Qualitäten und Wertvorstellungen entwickeln zu können, und zwar von Geburt an. Sind sie einmal erlangt, müssen wir sie beibehalten und beständig kultivieren. Hass und zuviel Argwohn haben demgegenüber keinerlei Wert, noch können sie zu irgendetwas Gutem beitragen. Hassgefühle, die wir gegen unsere Nachbarn hegen, werden diesen nicht schaden; aber sie werden unmittelbar unseren eigenen geistigen Frieden stören. Wenn wir zum Beispiel mit einem Nachbarn Probleme haben und uns deshalb wünschen, er möge genauso leiden wie wir, werden wir dieses Ziel kaum erreichen bzw. unseren Wunsch befriedigen können. Ganz im Gegenteil: Unsere gegen den Nachbarn gerichteten negativen Gefühle werden sich irgendwann auf uns selbst ungünstig auswirken, unsere Gesundheit beeinträchtigen und uns unglücklich machen; unsere eigene Familie wird in das Leid mit hineingezogen.

Meine Erfahrung ist folgende: Je ruhiger und gelassener wir sind, umso mehr lenken wir unsere Gedanken auch auf andere, sind also nicht nur auf uns selbst bezogen, und umso mehr ziehen wir daraus für uns selbst Nutzen. Diese geistige Haltung, diese Qualitäten sind bedeutungsvoll und nützlich für ein von Glück erfülltes Leben. Wer darüber näher nachdenkt, wird schließlich feststellen, dass Zorn und Hass nur schädlich für unsere Gesundheit und unser Leben sein können. Eine von Mitgefühl geprägte Einstellung und Fürsorge sind nicht nur für unseren Geist, sondern auch für unseren Körper und unsere Gesundheit von Nutzen. Haben wir ein klares Bewusstsein über die positiven und negativen Seiten, die Gefühle und Gedanken überhaupt entwickelt, wirkt sich dies auf unsere Einstellung aus und verändert im Allgemeinen unsere innere Geisteshaltung. Von dieser spirituellen Ebene her gesehen sollen wir in unserem Leben warmherzig und gutmütig sein. Ob unser Dasein eine tiefere Bedeutung hat oder nicht: Tatsache ist, dass wir existieren und hier auf dieser Welt sind - also sollten wir unsere Existenz für gute Zwecke einsetzen.

Für diejenigen, die sich einer Glaubensrichtung verbunden und verpflichtet fühlen, möchte ich nochmals betonen, dass, wenn man einmal einen bestimmten Glauben für sich angenommen hat, man dessen Lehre und Maxime so weit es nur geht anwenden und befolgen sollte. Die Lehrsätze und Gebote des jeweiligen Glaubens sollten als integrale Bestandteile in das eigene tägliche Leben eingebunden werden. Hat man dies einmal getan, wird über die Zeit, im Verlauf der Jahre, eine allmähliche innere Transformation stattfinden, die nur von Vorteil sein kann. Das bloße Heruntersagen von Gebeten, irgendwelchen Sprüche oder Mantras wird nichts bewirken. Für Buddhisten und Hindus ist es üblich, vor einem Götterbild, wie zum Beispiel Ganesh, Buddha, Tara oder Siva eine Opfergabe darzubieten. Eine Frucht, Blumen oder Räucherstäbchen werden niedergelegt und dabei der Name der jeweiligen Gottheit mehrmals wiederholt, jedoch oft ohne inneren oder meditativen Bezug. Genauso wird das bloße Sprechen von Mantras und Gebeten ohne innere Anteilnahme kaum eine Wirkung haben.

Leider verrichten viele Gläubige nicht mehr als eine tägliche *Puja*. Das genügt natürlich nicht. Wie müssen uns tief versenken in unseren Geist oder unser Bewusstsein, weil sich sonst unsere Ansichten, Einstellungen und Denkweisen nicht ändern können.

Folgen wir einer bestimmten Religion oder einer Glaubensrichtung, dann sollten wir sie auch ernst nehmen und sie dementsprechend ausüben; denn nur dadurch wird sich irgendwann daraus eine wirkliche, echte Änderung ergeben. Wie bedeutsam dies ist, wird am Beispiel des tibetischen Volkes deutlich: seine Mehrheit sind Buddhisten, aber ihre Ausübung des Buddhismus ist unzureichend und unzulänglich, eben aufgrund mangelnden Wissens oder Bewusstseins über Buddha und *Dharma*; das Gleiche gilt übrigens auch für eine Vielzahl von Indern.

Viele der aus dem Sanskrit in das Tibetische übersetzten Texte sind buddhistische Texte. In ihnen wird oft indirekt oder direkt durch Zitate auf zahlreiche philosophische Texte Bezug genommen, die nicht-buddhistischen Traditionen und Denkrichtungen des alten Indiens angehören. So finden sich darin Erklärungen zu *Moksha* und wie man dies durch Meditation, *Samadhi* und *Vipassana/Vipashyana* erlangen kann.

Während der vielen vergangenen Jahre, die ich in Indien verbrachte, habe ich zahlreiche Zusammenkünfte mit Religionsführern und Philosophen gehabt. Von wenigen abgesehen, vertraten die meisten von ihnen die Ansicht, dass nach der Annahme einer bestimmten Religion oder dem Eintritt in eine bestimmte Glaubensgemeinschaft der nächste

Schritt das intensive Studium ist, gefolgt von der richtigen Anwendung, die sehr wichtig ist. Was das Studium angeht, so sollte man sich nicht mit dem Zitieren einiger Mantras oder Gebete und dem Festhalten am Rosenkranz zufrieden geben. Bei der echten Meditation braucht man keinen Rosenkranz; man betrachtet innerlich Erscheinungen, analysiert sie und denkt tief darüber nach: das ist der richtige Weg. Ist man durch das Meditieren müde geworden, kann man einige Mantras rezitieren. Viele rezitieren Mantras, ohne meditiert zu haben; dies ist nicht nur falsch, sondern vollkommen unzureichend.

Die Annahme eines Glaubens verpflichtet einerseits zum ernsthaften und aufrichtigen Umgang mit ihm. Wird man jedoch dabei engstirnig, besteht auf der anderen Seite die Gefahr, sich zu einem Fanatiker zu entwickeln, was nicht sein darf. Man muss seinen Glauben in aufgeklärter Weise leben, sonst besteht die Gefahr, die eigene Religion als die einzig wahre hinzustellen und alle anderen als irrig abzulehnen oder gar zu verteufeln.

Ich möchte meine Sicht über die Möglichkeit eines einträchtigen Verhältnisses der Religionen untereinander darlegen. Ich bin Buddhist; und manchmal beschreibe ich mich sogar als einen in meinen Überzeugungen unerschütterlichen, getreuen und sogar streitbaren Buddhisten, weil die buddhistische Philosophie meiner Meinung nach die beste ist, und ihre Erläuterungen sehr logisch und einleuchtend sind. So sehr ich also der Auffassung bin, dass für mich der Buddhismus das Beste ist, so sehr vertrete ich auch die Ansicht, dass dies gewiss nicht für jedermann gelten muss. Menschen brauchen Religionen, die ihrem jeweils unterschiedlichen „geistigen Naturell“ entgegenkommen. Eine einzige Religion kann nicht jeden zufriedenstellen.

Das heißt aber auch umgekehrt, dass für den Einzelnen seine jeweilige Überzeugung sehr wichtig sein sollte und auch von uns zu respektieren ist, dass diese seine Religion mit ihrer Wahrheit, die er für sich geltend macht, für ihn auch die einzig richtige ist. Ohne diese innere Überzeugung kann man keinen echten, wahren Glauben entwickeln lassen und ihn entsprechend leben. In Hinblick auf unsere Gemeinschaft, deren gleichrangige Mitglieder wir alle, gerade mit unseren Unterschieden, sind, brauchen wir offensichtlich einen Pluralismus, der mehrere Religionen mit ihren Wahrheiten zulässt; das ist wichtig und für unser Zusammenleben nicht ohne Belang. Mit diesem von uns allen anzuerkennenden und zu akzeptierenden Pluralismus kann man die nicht zu übersehenden Unterschiede und sogar Widersprüche zwischen den Religionen und ihren für sich jeweils in Anspruch genommenen Wahrheiten überwinden. So stehe ich dafür ein, dass auf der Ebene des Individuums jeder Mensch für sich seine *eine* Religion und Wahrheit haben soll; dass aber in unserem Zusammenleben die Maxime des Pluralismus, d. h. die Gleichwertigkeit verschiedener Religionen nebeneinander, gelten muss. Auf andere Art ist dieses Problem nicht zu lösen.

Es ist scheinheilig und unzutreffend zu behaupten, alle Religionen seien gleich. Unterschiedliche Religionen vertreten grundverschiedene Sichtweisen und widersprechen sich oftmals fundamental. Dies ist jedoch insofern ohne weitere Relevanz, als sie alle eine bessere Welt mit glücklichen Menschen schaffen möchten. Durch Interpretation und Auslegung ihrer verschiedenen Inhalte wird deutlich, dass alle Religionen trotz ihrer Unterschiede ein gemeinsames Ziel verfolgen. Nehmen wir zum Beispiel die Idee des Schöpfers und der Selbstschöpfung. Zwischen beiden bestehen große Unterschiede, sie verfolgen aber meiner Meinung nach denselben Zweck. Für einige Menschen hat die Vorstellung eines Schöpfers eine machtvolle Wirkung und motiviert sie, mit konzentrierter Selbstdisziplin gute und liebevolle Menschen zu werden, die der für sie absoluten Wahrheit verpflichtet sind – dem Schöpfer oder Gott.

Die andere Idee betrifft die Selbstschöpfung oder Eigenschöpfung: Wenn man ein guter Mensch sein möchte, dann liegt das Erreichen dieses Ziels in der Verantwortung des jeweils Einzelnen (und ist nicht durch einen Schöpfer oder Gott motiviert). Ohne eigene Anstrengung darf man nicht erwarten, dass sich etwas zum Guten entwickelt oder wendet. Die eigene Zukunft hängt ausschließlich von der jeweiligen Person ab: die Zukunft wird gleichsam von dem Einzelnen selbst geschaffen. Diese Auffassung ermutigt den Einzelnen dazu, ein guter und ehrlicher Mensch zu sein. Man kann also sehen, dass die beiden Konzepte sich in ihrem inneren Gehalt zwar unterscheiden, aber dasselbe Ziel haben.

Viele kennen die *Vier Edlen Wahrheiten*, die berühmten Lehren des Buddha; sie bilden das Fundament des buddhistischen *Dharma*. Leider glauben viele Buddhisten, dass *Mahayana*, *Hinayana* und *Vajrayana*, die drei *Yanas* also, miteinander nicht vereinbar seien, aber dem ist überhaupt nicht so.

In den dreißiger, vierziger und fünfziger Jahren bezeichneten einige westliche Wissenschaftler den tibetischen Buddhismus als „Lamaismus“ und suggerierten damit, der tibetische Buddhismus stelle nicht mehr die reine ursprüngliche Lehre dar, sondern sei auf irgendeine Weise verfälscht worden. Die *Hinayana* oder auch *Theravada*-Tradition bildet die Grundlage des buddhistischen *Dharma*. Die *Vier Edlen*

Wahrheiten, die *Siebenunddreißig Aspekte* des Pfades zur Erleuchtung, die *Drei Hohen Übungen* (in Moral, Konzentration und Einsicht) sind Wesen und Fundament der *Theravada*- bzw. *Hinayana*-Lehrsätze. Wie lässt sich ohne diese Basis *Mahayana* praktizieren?

Mitunter sehen jene, die der *Mahayana*-Tradition, das heißt dem „Großen Fahrzeug" folgen, auf die *Hinayana*-Lehren herunter. Ich halte dies für falsch und unangemessen. Auf der anderen Seite gibt es Anhänger der *Hinayana*-Tradition, die meinen, die *Mahayana*-Schule sei verdorben, verfälscht und dürfe gar nicht der wahren buddhistischen Tradition zugerechnet werden. Auch das halte ich für abwegig. Ohne die *Mahayana*-Lehre ist das Wesen von *Nirvana* oder *Moksha* nicht zu verstehen. Ohne ein Verständnis der Leerheit – der Idee von *Shunya* – ist es so gut wie unmöglich, Bedeutung und Wesen des *Nirvana* zu begreifen. Natürlich kann man sagen, da der Buddha feststellte, es gebe *Nirvana* und es selbst auch erlangte, kann man *Nirvana* nicht leugnen. Gegen diese Art blinden Glaubens lässt sich kaum etwas einwenden; aber erst durch wiederholte analytische Meditation, durch die Untersuchung der Funktionsweise und des Wesens des Geistes, der Wirklichkeit der Erscheinungen und des Wesens negativer Emotionen kann man eine Vorstellung von *Moksha* oder *Nirvana* entwickeln.

Ohne die genauen, tiefgründigen Erläuterungen der sechs großen Lehrmeister Indiens – Nagarjuna, Aryadeva, die zwei überragenden Meister von Vinaya und andere – bleibt die Idee des *Nirvana* oder *Nirodha* unverständlich. Alle erwähnten Meister sind Mönche und *Mahayana*-Lehrer. Sie praktizieren aber auch *Hinayana*, *Vinaya*, bleiben gute *Bhikshus* und verbreiten *Mahayana*-Lehrsätze.

Einige meinen, *Hinayana*, *Mahayana* und *Tantrayana* seien Ergebnis einer historischen oder chronologischen Entwicklung; als Buddhist kann ich dieser These nicht folgen, es sei denn, wir akzeptieren eine konventionelle Auffassung der Fortentwicklung dieser Lehrgebäude.

Die *Mahayana*-Lehren stellen eine großartige buddhistische Tradition dar, aber ohne die grundlegenden *Hinayana*-Lehrsätze kann man kein echter Buddhist sein. Also muss man sich erst den *Hinayana*-Lehrsätzen als dem Fundament zuwenden und dann die *Mahayana*-Sutren anwenden, nämlich uneingeschränkten Altruismus, der mit Hilfe diverser Techniken Schritt für Schritt entwickelt wird. Ebenso benötigt das *Vajrayana* das *Hinayana* als Grundlage, dann zusätzlich die *Sutra*-Ebene des *Mahayana,* und das *Tantrayana* kommt quasi als dritte Komponente noch hinzu. Dies ist die richtige Vorgehensweise für jemanden, der *Vajrayana* praktiziert. Überginge man die erstgenannten *Yanas*, wäre *Tantrayana* ein bloßer Name. Die Verwendung beeindruckender Kostüme und ritueller Geräte und das Hersagen von Mantras zeichnen nicht den wahren *Vajrayana*-Anhänger aus.

Den tibetischen Buddhismus als „Lamaismus“ darzustellen ist, wie bereits angedeutet, unrichtig, da der tibetische Buddhismus nicht von den Lamas aus Tibet entwickelt wurde. Immer wenn wir auf einen wichtigen Aspekt oder entscheidenden Punkt stoßen, sollten wir einen zuverlässigen indischen Meister zu Rate ziehen. Diese Methode der Authentisierung bestimmter Fragen und Streitpunkte durch das Zitieren indischer Texte als letzte Autorität war so sehr verbreitet, dass in einigen Fällen bestimmte Sichtweisen oder Interpretationen mit der Begründung abgelehnt wurden, sie entbehrten jeder Bezeugung in authentischen indischen Texten.

Ein tibetischer Lehrer erläuterte einmal den Text eines der indischen Meister, der Tibet wegen seiner schneeweißen Berge als das Land des Schnees bezeichnete. Ohne das geistige Licht der indischen Meister würde Tibet noch immer im Dunkeln liegen und blind sein, trotz des leuchtend weißen Schnees. So gesehen waren es die indischen Meister, die die geistigen Augen Tibets geöffnet haben.

Die Kommentatoren in Tibet haben eine sehr ausgefeilte hermeneutische Methode zur Lektüre und Auslegung klassischer indischer Texte entwickelt, so dass im Rahmen einer Kommentierung eines klassischen indischen Textes immer ein vergleichender Ansatz gewählt wird, mit dem die unterschiedlichen Diskussionsinhalte und verschiedenen Interpretationen auf einen entscheidenden inhaltlichen Punkt gebracht werden. Der Facettenreichtum und die Vielschichtigkeit der hermeneutischen Ansätze in der tibetischen Auslegungstradition ist kaum zu übersehen. Alle diese tibetischen Meister leisteten unschätzbare Beiträge zu dieser Entwicklung, wobei immer wieder daran erinnert werden muss, dass die entscheidenden Impulse von indischen Meistern stammten. Für mich sind sie unsere Lehrer. Insofern ist die Vorstellung des tibetischen Buddhismus als „Lamaismus“ nicht korrekt. Vielmehr stellt der tibetische Buddhismus die eigentlichen Lehren des Buddhas dar, wie sie über verschiedene Zeiträume hinweg zusammengetragen und zusammengefasst wurden, bis sie Tibet als ein geschlossener Textkorpus erreichten. Tibetischer Buddhismus ist daher die vervollständigte Form des buddhistischen *Dharma*.

Gewöhnlich charakterisiere ich das Wesen oder den Gehalt des buddhistischen *Dharma* in zwei Sätzen: Wenn es dir möglich ist, hilf anderen und diene ihnen. Falls dies nicht in deiner Macht stehen sollte, halte dich davon fern, anderen Schaden zuzufügen. Das Grundthema im *Theravada* ist die Selbstbefreiung. Dabei spielt *Karuna* (Mitgefühl) eine gewisse Rolle, ist aber nicht unabdingbar. Das Hauptziel, um das sich alles dreht, bleibt die Selbstbefreiung, während man anderen so viel nützt, wie man eben kann. Das Entscheidende besteht darin, andere nicht ins Unglück zu bringen. Dagegen legt *Mahayana* das Hauptgewicht seiner Philosophie auf Altruismus oder *Bodhicitta* (das Streben, Buddhaschaft zu erlangen, um anderen Wesen zu dienen und zu helfen). In diesem Zusammenhang nun ist *Mahakaruna* (das große Mitgefühl) eine maßgebende Verpflichtung und Aufgabe und bildet die Grundlage des Altruismus, wobei völlig irrelevant ist, was dabei mit einem selbst geschieht: die anderen gewährte Hilfe ist entscheidend.

Für die Einstellung, anderen zu helfen und sich so zurückzunehmen, dass durch unser Handeln anderen kein Leid zugefügt wird, bedarf es guter Gründe; denn ohne Begründung wäre diese Einstellung sinnlos. Es muss also einen Grund geben, warum wir *Ahimsa* (gewaltfreies Handeln) praktizieren sollen: die gleichsam logische Grundlage und Erklärung liegt in der mit allem verbundenen und von allem abhängigen Wirklichkeit.

Im Buddhismus wird auf drei verschiedene Bedeutungen von Interdependenz (wechselseitiger Abhängigkeit) eingegangen. Einmal wird Interdependenz aufgefasst im Sinne von Ursache-und-Wirkung-Verhältnissen; Beziehungen untereinander sind also immer durch Ursachen bedingt. Die zweite Bedeutung bezieht sich auf das Verhältnis der Teile zu dem Ganzen: alles ist zusammengesetzt aus Einzelteilen, die in ihrer Gesamtheit ein einzelnes Ganzes konstituieren. Die dritte Art von Interdependenz bezieht sich auf das Verhältnis zwischen einer Sache und ihrer Bezeichnung: erst durch eine ihnen gegebene Benennung erscheinen Dinge in einer bestimmten Perspektive.

Unsere Leiden und Freuden sind mit ihren eigenen Ursachen und Bedingungen verbunden. Weil wir nicht leiden, sondern glücklich sein wollen, dürfen wir die Ursachen und Bedingungen unseres Schmerzes und unserer Freuden nicht außer Acht lassen. Indem wir anderen helfen, erfahren wir mehr Freude – wenn wir anderen Nachteile bringen und ihnen Schmerz zufügen, leiden auch wir.

Unser Glück leitet sich nicht nur von einem isolierten Faktor ab, sondern ist in einem Abhängigkeitsgefüge vieler Faktoren zu sehen, weshalb wir uns um alle unterschiedlichen Faktoren kümmern sollten. Durch das tiefer gehende Verständnis für die buddhistische Sichtweise der Interdependenz – dass sich jedes einzelne Ereignis aus vielfältigen Ursachen und Bedingungen ergibt – verschaffen wir uns eine philosophische Grundlage für eine ökologische, die Welt in ihrer Gesamtheit umfassende Sicht und haben Achtung vor den Gesetzen der Natur und unserer Umwelt. Diese Sicht erweitert unseren Horizont und sensibilisiert uns für die Bedeutung von Ursache-Wirkung-Mechanismen, was uns weiter zu einer ganzheitlichen Sicht der Dinge führt.

Ahimsa oder Gewaltlosigkeit heißt nicht nur, anderen nicht zu schaden, sie bezeichnet darüber hinaus einen Akt des Mitgefühls und der Anteilnahme. Die Theorie der gegenseitigen Abhängigkeit ist deshalb so wichtig, weil sich durch sie unsere Weltsicht erweitert. Auf der Grundlage unterschiedlicher Interpretationen von Aussagen des Buddha über die Interdependenz entwickelten sich in Indien verschiedene Schulen und Lehrgebäude. Die Quantenmechanik ist sich in ihrem wissenschaftlichen Vorgehen der Bedeutung bewusst, die in der Beziehung zwischen Beobachter und beobachtetem Objekt liegt: wie sich nämlich die Ausgangsbedingungen der Beobachtersituation auf die Ergebnisse der Beobachtung auswirken. Dieser Sachverhalt findet seinen Widerhall in der Weise, wie *Madhyamika* das Wesen der Wirklichkeit auffasst.

Durch die philosophische *Madhyamika*-Untersuchung gelangen wir an einen Punkt, an dem wir dem Unterschied zwischen Erscheinung und Wirklichkeit gebührend Beachtung schenken müssen. *Madhyamika* sieht die Erscheinungen oder Phänomene als eine Illusion an; demnach existieren Phänomene nicht, und es mangelt ihnen allen an Substanz oder substanzieller Wirklichkeit. Es gibt jedoch Unterschiede zwischen den verschiedenen indischen Interpretatoren und Gelehrten in ihrem Versuch, diese große Erkenntnis von Nagarjuna zu verstehen.

Nagarjuna wird innerhalb der tibetischen Tradition als der Begründer der *Madhyamika*-Schule des mittleren Wegs gesehen. Aryaveda, der wichtigste und bedeutendste Schüler Nagarjunas, wurde der Hauptvertreter der Nagarjuna-Lehren. Arya Asanga ist nach tibetischer Tradition der Begründer der *Cittamatra*- oder „reinen Geist-Schule" (auch „Nur-Geist"-Schule genannt) innerhalb der indischen Philosophie, und Vasubhandu war der Verfechter dieser Schule im indischen Buddhismus.

Beide *Mahayana*-Denkrichtungen des indischen Buddhismus - die *Madhyamika*-Schule des mittleren Wegs und *Cittamatra*, die „reine Geist-Schule" - erkennen die hohe Bedeutung an, die die *Mahayana*-Schriften und die *Prajnaparmita* - (die Perfektionen der Weisheit) Sutren im besonderen besitzen. Die im *Paramitayana* aufgestellten

Lehrsätze, in denen die Phänomene vom Buddha als frei jeglicher Eigennatur oder innerer Substanz dargestellt sind, werden in der *Madhyamika*-Schule mit einem Wirklichkeitsbegriff interpretiert, der durch seine innere Interdependenz charakterisiert ist; Wirklichkeit ist wirklich aufgrund des ihr innewohnenden Abhängigkeitsgeflechts. In gewisser Weise wird eine so begriffene Wirklichkeit mit ihrer internen Abhängigkeitsstruktur zum Ausgangspunkt genommen, um daraus auf die schon erwähnte Abwesenheit jeglicher Eigensubstanz der Dinge und der Wirklichkeit schlechthin zu schließen. Diese Lehrsätze repräsentieren die *Paramita-Sutren* – die Doktrin der Leerheit; Leerheit verstanden im Sinne einer interdependenten Wirklichkeit (ohne innere Substanz der Dinge).

Laut tibetischer Tradition soll Nagarjuna vierhundert Jahre und Arya Asanga neunhundert Jahre nach dem Tod des Buddhas erschienen sein. Arya Asanga wird in einigen Sutren als ein Wesen dargestellt, das sich in höchster Weise selbst verwirklicht hat, indem es die *dritte Bhumi* bzw. die dritte *Bodhisattva*-Stufe spiritueller Verwirklichung erreicht hatte. Arya Asanga hat vehement die von Nagarjuna entwickelte *Madhyamika*-Tradition vertreten, und der Grund, warum er diesen neuen Zweig des *Mahayana*-Buddhismus eingeführt hat, liegt darin, dass man seiner Auffassung nach durch Nagarjunas Auslegung der *Prajnaparmita*-Schriften die *Mahayana*-Sutren fälschlicherweise nihilistisch interpretieren könnte.

Anstatt die These, dass alle Erscheinungen ohne jedes innere Sein seien, einfach für sich stehen zu lassen, entwickelte Arya Asanga eine neue Interpretation, die es ermöglichte, sich mit den *Mahayana*-Schriften zu befassen und dabei zugleich die Lehre des Buddhas akzeptieren zu können, dass nämlich alle Erscheinungen substanzlos sind. Das Fehlen innerer Substanz wird in unterschiedlichen Zusammenhängen verschieden aufgefasst - aber immer in dem Sinne, dass alle Erscheinungen zwar von anderen Erscheinungen und Gründen abhängig sind, sie selbst aber nicht durch einen unabhängigen, für sich allein bestehenden Grund erschaffen wurden und daher auch keine innere eigene Substanz haben. Der entscheidende Punkt liegt darin, dass Arya Asanga eine Interpretation der *Mahayana*-Schriften vorlegte, die sich von Nagarjunas Verständnis dieser Schriften unterschied.

Arya Asanga legte die Feststellung des Buddhas, dass alles ohne innere Substanz ist, unter dem Aspekt der drei Naturen aus - dass alle Erscheinungen drei Naturen oder Wesensarten besitzen: die „abhängige Natur", die „den Dingen zugeschriebene Natur" und die „vollkommene Natur". Alle drei verschiedenen Naturen sind auf jeweils eigentümliche Art durch die Tatsache geprägt, dass ihnen keine innere Substanz zukommt. Arya Asanga entwickelte nicht nur diesen neuen Ansatz für das Verständnis der *Mahayana*-Schriften, er kleidete seine Begründungen in des Buddha eigene Worte. Zum Beispiel wird in der unter dem Namen „Samdhinirmochana Sutra" bekannten *Mahayana*-Schrift jene Sutra, in der die Gedanken des Buddhas Schritt für Schritt entwickelt werden, als ein Haupttext bzw. Argument verwandt, um die Authentizität und Stichhaltigkeit von Arya Asangas Interpretation der *Mahayana*-Schriften zu untermauern.

In dieser Theorie der drei Naturen ist die zweite Natur die „zugeschriebene Natur". Das Fehlen innerer Substanz wird hier unter dem Blickwinkel verstanden, dass die zugeschriebene Natur aus sich heraus sich nicht selbst bestimmen und definieren kann. Die für diese Natur typische Zuschreibung kann durch zwei Arten charakterisiert werden: manche Zuschreibungen können reine Fantasien sein, andere wiederum sind wie Etiketten, die einen gewissen Bezug zur Wirklichkeit aufweisen.

Die erste der drei Naturen sind die in Abhängigkeit stehenden Dinge, und der Begriff legt nahe, dass Erscheinungen und Ereignisse als Ergebnis anderer Kräfte und Faktoren hervorgebracht werden; diese Natur der Dinge beruht also nicht auf einer unabhängigen Erzeugung. In der Interpretation Arya Asangas mangelt es den (den Dingen) zugeschriebenen Naturen an selbstbestimmenden Charakteristika; wohingegen die abhängige Natur und vollendete Natur zu einem gewissen Grad selbstbestimmende Eigenschaften oder eine Art innerer Substanz besitzen. Diese Auslegung der *Prajnaparamita*-Sutren - als ihr Beispiel dienen die Cittamatras - führt zu solchen Tiefen in der Analyse des Wesens der Wirklichkeit, dass man von einem gewissen Punkt an das Konkrethafte der äußeren Welt zu verlieren beginnt. Daher kamen die *Cittamatras* zu dem Schluss, dass die von uns wahrgenommene Welt eine Illusion sei und gar nicht das Konkrete in sich trage, das wir in sie hineinprojizieren. Die äußere, körperliche oder materielle Welt ist im absoluten Sinn nichts als eine „Verlängerung" unseres Geistes - eine Projektion. Es ist wichtig zu verstehen, wie die Wahrnehmung der äußeren Welt überhaupt zustande kommt. Wenn die äußere Welt, die wir wahrnehmen, reine Illusion ist, wie kommt es dann dazu, dass wir Konkrethaftes dieser äußeren Welt wahrnehmen, und an welchem Punkt beginnen wir damit? Für diesen Vorgang muss eine plausible Erklärung gegeben werden, und deshalb wird in den *Cittamatra*-Erläuterungen sehr ausführlich auf Funktionsweise und Wesen des Geistes sowie auf das Zustandekommen von Wahrnehmung eingegangen. Es wird diskutiert, wie die Wahrnehmung der Außenwelt aus der Aktivierung verschiedener Eindrücke auf das Bewusstsein resultiert; dieses Bewusstsein wird *Alayavijnana*, „grundlegendes" oder „Fundament legendes Bewusstsein" genannt. Die *Cittamatra*-Schule setzt sich also nicht nur mit den sechs Bewusstseinsarten bzw. Vermögen auseinander - den fünf sinnlichen Wahrnehmungsvermögen und dem Denkvermögen - sondern geht auch von einem fundamentalen Bewusstsein aus.

Es ist wichtig zu verstehen, wie der Wahrnehmungsprozess einsetzt und auf welche Weise das Grundbewusstsein oder Speicherbewusstsein als „Aufbewahrungsort" für die vielen Eindrücke fungiert, die sich als bleibendes Resultat aus unseren bewussten und emotionalen Erfahrungen ergeben haben. Man muss auch verdeutlichen, welche Art von Eindrücken und Spuren in dem Grundbewusstsein festgehalten werden. Die *Cittamatra*-Schule bezieht sich in ihrer Theorie auf eine bestimmte Form von (in unserem Geist „abgelegten") Eindrücken, die sie als „Eindrücke der Gleichartigkeit" bezeichnet. Diese Art Eindruck dient dazu, die nacheinander stattfindenden Ereignisse in der Wahrnehmung der materiellen Welt zu erklären. Wenn wir zum Beispiel ein blaues Objekt wahrnehmen, ist die Wahrnehmung bis zu einem bestimmten Punkt durchgängig, so dass die nacheinander auftretenden Erscheinungsformen des blauen Objekts dadurch als blaues Objekt erfasst werden, dass die „blauen" Spuren des Grundbewusstseins aktiviert werden.

Die *Cittamatra*-Schule ordnet die bleibenden Eindrücke oder Spuren nach Spracheindrücken oder Gewohnheitsformen; dies erklärt, warum wir einen Begriff von „Blauheit" haben, wenn wir einen blauen Gegenstand wahrnehmen, oder warum die Bezeichnung, das Etikett „blau" eine innere Beziehung zum (blauen) Gegenstand hat. Diese Art der Wahrnehmung basiert auf einer Kette von zuvor gemachten Erfahrungen, die durch Verwendung unserer Sprache, d. h. in unserem Beispiel der Begriffe, die „blau" bezeichnen, charakterisiert oder geprägt sind. Somit beeinflussen und bedingen die Spracheindrücke und Gewohnheitsformen diese Art von Wahrnehmung.

Die Anhänger der *Cittamatra* sprechen noch von einer dritten Art von Eindruck, der sich durch unsere Gewohnheit bildet, uns an etwas Konkretem oder Festem festzuhalten. Wenn wir einen blauen Gegenstand wahrnehmen, nehmen wir nicht nur etwas Blaues wahr, sondern auch die enge Verbindung zwischen unserer Wahrnehmung von „Blau" und dem blauen (von uns wahrgenommen) Objekt selbst. Wir glauben, dass es etwas objektiv Wirkliches an diesem blauen Objekt gibt, das den Gebrauch dieses Begriffs rechtfertigt. In Wirklichkeit verhält es sich jedoch so, dass die Sprache und ihre Begriffe, die wir verwenden, um Gegenstände zu beschreiben, recht willkürlich sind; der Begriff ist ein Etikett, ein Zeichen. Es sagt aber nichts darüber aus, was wir tatsächlich empfinden, wenn wir einem blauen Objekt gegenüberstehen. Angesichts eines blauen Gegenstandes entwickeln wir instinktiv das Gefühl, dass er wirklich blau ist und etwas objektiv Wirkliches an ihm nötigt uns gleichsam, die Sprache, d. h. die Begriffe des Blauen zu verwenden. Diese Art der Fehlwahrnehmung ist, so sagt die *Cittamatra*-Schule, das Ergebnis der Gewohnheiten und Eindrücke, die sich aus unserem Drang zur Objektivität und unserem Bedürfnis ergeben, uns an Dingen festzuhalten, und in unserem Grundbewusstsein „aufbewahrt" sind.

Daraus folgt, dass das Blau des Gegenstandes gar nicht das Blau ist, auf das wir uns mit unserem Begriff „blau" beziehen, so dass, allgemein gesagt, die Beziehung zwischen Zeichen und Bezeichnetem willkürlich ist. Deshalb nennt die *Cittamatra*-Schule diese Beziehung eine bloße Konvention und argumentiert, dass die Namens- bzw. Begriffszuschreibung „blau" in Bezug auf den Gegenstand jeder objektiven und substanziellen Wirklichkeit entbehrt. Der Glaube, dass der blaue Gegenstand objektiv wirklich und auch in gewisser Weise der einzig wahre Bezugspunkt für den Begriff „blau" und der Vorstellung von Blauheit sei, ist reine Fantasie. Die *Cittamatra*-Schule argumentiert, dass unsere Wahrnehmungsart offensichtlich falsch ist und stützt dies mit der Tatsache, dass, wenn uns jemand fragt, was ein blauer Gegenstand sei, wir auf einen blauen Gegenstand zeigen und sagen würden: „Das ist blau". Das deutet also darauf hin, dass wir in unserem alltäglichen, normalen Umgang mit der Welt die Welt nicht so betrachten würden, als ob der Begriff oder die Vorstellung „blau" bloße Etiketten oder Zeichen wären; nein, wir verhalten uns so, als ob eine, wenn auch nicht offen zu sehende innewohnende oder enge Beziehung zwischen dem Gegenstand und den von uns verwendeten Begriffen gegeben wäre. Aber, und das ist das von der *Cittamatra*-Schule angeführte Hauptargument, diese Art, die Welt zu verstehen ist eine Illusion; das Festhalten daran ist die Wurzel unseres falschen Blicks auf die Natur und unserer verwirrten Interpretation bzw. Sicht der Dinge; die Begriffe und Bezeichnungen beziehen sich in Wirklichkeit nicht auf die Gegenstände in einem objektiven Sinn, sondern sind unsere Zuschreibungen.

In den *Mahayana*-Schriften und Kommentaren wird die *Cittamatra*-Schule oder „Nur-Geist"-Schule als ein philosophischer Ansatz vorgestellt, der sich mit der Wirklichkeit auf der Basis der *Vier Großen Fragen* oder *Vierfachen Suche* auseinander setzt. Eine dieser Fragen sucht nach Bezeichnungen oder Begriffen, die einen wirklich wahren Bezug zur objektiven Welt haben. Die nächste will wissen, was die Bedeutung der Begriffe und Ideen ist; die dritte sucht nach dem Wesen oder der Natur des Seins und der Phänomene, und die vierte sucht nach selbstbestimmenden Charakteristika oder Eigenschaften der Phänomene und Gegenstände. Diese vier Fragen beziehen sich gleichsam auf die vier Dimensionen der Wirklichkeit oder der Dinge. Durch ihre Untersuchung, die von diesen vier Fragen bestimmt ist, kommt die *Cittamatra*-Schule zu einer in ihren Augen wahren Sicht der Welt, nämlich zu Bloßem Bewusstsein, was mit „Nur-Geist" beschrieben wird.

Abschließend kann man feststellen: laut *Mahayana*-Sutras ist das Konzept von *Shunya* das wichtigste Mittel – so wie es von der *Cittamatra*-Schule einerseits und von *Madhyamika* andererseits verstanden wird. Diese zwei verschiedenen Konzepte von *Shunya* werden als sehr wichtig, aber auch als sehr kompliziert angesehen. Das gesamte *Vajrayana*-Lehrgebäude basiert auf der *Shunya*-Theorie, und es ist wichtig, ein gewisses Verständnis dafür erlangt zu haben, sei es nun durch die Sicht der *Cittamatra*-Schule oder der *Madhyamika*-Schule, wobei die letztere vorzuziehen ist. Ohne die Vorstellung von *Shunya* ist Gottheit-Yoga oder Yoga, in dem man sich als göttliches Bild visualisiert, unmöglich und auch ohne Sinn. Um *Vajrayana* richtig praktizieren zu können, muss man *Bodhicitta* üben und ein gewisses Verständnis von dem haben, wofür *Shunya* steht.

Auf der Grundlage einer Kombination von beiden wird die Gottheit sehr mächtig und wirkungsvoll.

Wie kann Nirvana *und* Samsara *von gleichem Geschmack sein?*

Wenn man ein tieferes Verständnis für die Nicht-Substanzialität aller Phänomene entwickelt hat, dann hat man nicht nur eine entsprechende Auffassung von *Nirvana* und *Samsara*, sondern versteht auch die Vorstellung, dass alle Phänomene im letzten oder höchsten Sinne gleich sind. Sie sind alle nichtsubtanziell, ihnen allen fehlt es an innewohnender eigener Realität. Von dieser Warte her - und Nagarjuna stellt dasselbe fest - lässt sich sagen, dass, wenn man die wahre Natur von *Samsara* versteht, man auch die wahre Natur von *Nirvana* verstehen wird, und umgekehrt. Man darf nun wiederum Nagarjuna nicht dahingehend falsch interpretieren, dass er meint, *Samsara* - das Stadium der Existenz, in der wir noch nicht erleuchtet sind - sei in Wirklichkeit dasselbe wie *Nirvana*, der Zustand der höchsten Erkenntnis.

Wie können wir wissen, dass es eine Seele gibt und der Mensch den Gesetzen des Karma *entsprechend wiedergeboren wird?*

Vom buddhistischen Standpunkt her gesehen wird die Theorie der Wiedergeburt nicht in Zusammenhang mit der Vorstellung von *Karma* erklärt. Wiedergeburt sollte vielmehr verstanden werden auf der Grundlage der Kausalität, weil jedes Ereignis ihm vorangehende Ursachen und Bedingungen haben muss. Selbst ein einzelner Erkenntnisakt - ein Moment unseres Bewusstseins - muss sich auf Ursachen und Bedingungen gründen; und durch diesen Prozess können wir das anfangslose Kontinuum auf das Bewusstsein zurückführen. Mit diesem Verständnis des kausal bedingten Prozesses entwickelt sich ganz natürlich die Theorie der Wiedergeburt.

Wie passt nun *Karma* in die Theorie der Wiedergeburt? Es bestimmt die Art der Wiedergeburt, die ein Individuum erfährt. Gutes *Karma* erzeugt eine positive Wiedergeburt, schlechtes bewirkt eine negative. *Karma* bezeichnet einen Moment innerhalb des kausalen Prozesses; *Karma* ist Teil des Prozesses. Wenn wir von *Karma* sprechen, dann beziehen wir uns nicht nur auf ein einfaches Geschehen, sondern sprechen von einem Ereignis, das einen Täter, einen Handelnden, einen Akteur mit einschließt. *Karma* ist ein von einem Handelnden vollführter Akt, einem Handelnden mit Motiven und Absichten, die den Grund des gesamten weiteren Prozesses festlegen.

Wie kann man sich in einem Streit von dem Gefühl befreien, dass man selbst Recht hat, während die andere Person sich im Unrecht befindet? Wie kann man die gegen andere Menschen gehegten schlechten Gefühle überwinden, wenn diese uns böswillig verletzt haben?

Was den zweiten Teil der Frage angeht, empfehle ich das Kapitel über die Geduld in *Bodhisattva Chraya Avatara: Ein Führer zum Leben eines Bodhisattva* von Shantideva.

Ich möchte betonen, dass das Üben von Geduld und Toleranz gegenüber jemandem, der uns grundlos Schaden zugefügt hat, nicht bedeutet, dass wir den von uns erlittenen Untaten nachgeben oder sie gar gutheißen. Geduld üben heißt nicht Nachgeben oder Schwäche zeigen; vielmehr stellt Geduld eine bewusst eingenommene Haltung dar, die nicht auf Vergeltung aus ist. Manchmal erfordern aggressive Handlungen entsprechende starke Gegenmaßnahmen. Aber selbst diese Maßnahmen folgen dem Diktum von Geduld und Toleranz. Erkennt man die Vielzahl der möglichen Standpunkte und Perspektiven und die Komplexität der Probleme, dann besteht nicht mehr die Notwendigkeit, sich nur an seine eigene Sicht als der vermeintlich einzig wahren festzuklammern.

Es kann Situationen geben, in denen zwei Parteien zwei diametral entgegengesetzte Standpunkte einnehmen. In dem Streit zwischen der „Nur-Geist"-Schule und dem Mittelweg der *Madhyamika*-Schule über ihre Auslegungen hinsichtlich der letzten oder höchsten Natur der Phänomene geht es darum, ob alle Phänomene ohne eigene Natur sind oder ob einige ein ihnen innewohnendes Wesen besitzen. Jede Partei vertritt ihren Standpunkt, die dem jeweils anderen genau entgegengesetzt ist. In einem Fall wie diesem sollte man den Streit unter dem Aspekt betrachten, welchen Zwecken der jeweilige Standpunkt dient; wie die eine Perspektive bestimmten philosophischen Neigungen entgegenkommt und die andere auf ihre Weise genau das Gleiche tut. Die Tatsache, dass beide Standpunkte unterschiedlichen Zwecken dienen können, kann das verkrampfte Festhalten am eigenen Standpunkt mindern.

Wie sollte ein Ausgleich zwischen Umweltschutz und menschlichen Bedürfnissen aussehen: zum Beispiel bei der-

Abholzung von Wäldern, die einerseits den Tod unzähliger Lebewesen nach sich zieht, ohne die andererseits Menschen jedoch sterben müssten?

Konflikte und Widersprüche sind das, was uns Menschen als Menschen ausmacht. In praktischer Hinsicht spricht diese Frage ein sehr komplexes Thema an. In Indien ist die wirtschaftliche Lage sehr schwierig, vor allem in den ländlichen Gebieten und im Himalaya, wo die Menschen sehr auf die Wälder für ihr Überleben angewiesen sind. Solange wir keine Alternative entwickelt haben, werden wir diese Entwicklungen nicht aufhalten können. Unser Fortschritt muss breit angelegt sein, weil so viele Dinge miteinander verbunden sind. Zum Beispiel ist Familienplanung sehr wichtig. Ein holistischer Ansatz ist das, was wir brauchen.

Wie können Mahayana *und* Hinayana *einem Studenten helfen?*

Für einen buddhistischen Studenten ist es wichtig, die überlieferten Lehren zu studieren und im alltäglichen Leben anzuwenden. Die tibetische Tradition betont die Verbindung von Studium und Praxis. Dabei sollte man behutsam Schritt für Schritt vorgehen: diese Meditationsübung ist für heute geplant, diese kommt morgen – wichtig ist, dass wir einen Gesamtplan haben, den wir überblicken und schrittweise umsetzen können.

In der Gesellschaft ist es üblich, dass Erfolg mit materiellen Dingen gemessen wird. Wenn ich stattdessen meinen Erfolg in Zusammenhang mit Mitgefühl und innerem Frieden bemesse, werde ich als Dummkopf angesehen. Wie kann ich die Geduld und Selbstdisziplin aufbringen, um die damit verbundenen Frustrationen zu überwinden?

Die Gesellschaft hat die Gewohnheit, den Erfolg auf der Basis materieller Grundlagen zu messen bzw. Erfolg nur als materiellen Erfolg zu sehen. Nur möchte ich darauf hinweisen, dass, nur weil eine konventionelle Sichtweise so verbreitet ist, sie deswegen nicht unbedingt die richtige sein muss. Wir wissen aus unserer eigenen Erfahrung, dass wir uns an einem Zeitpunkt unserer Geschichte befinden, an dem wir schmerzhaft die Konsequenzen vieler dieser von früheren Generationen allgemein akzeptierten Weisheiten und Ideologien spüren.

Vor nicht allzu langer Zeit durfte ich an einer Konferenz in den USA teilnehmen, die sich vorwiegend mit den sozialen Problemen besonders reicher Gesellschaften und den Möglichkeiten zu deren Überwindung beschäftigte. Die Teilnehmer an dieser Konferenz kamen von verschiedenen Sozialorganisationen des Gesundheitsbereichs und der öffentlichen Wohlfahrt. Allgemein stimmten wir überein, dass eine der Ursachen für diese sozialen Probleme im Mangel an Mitgefühl und Fürsorge zu finden ist. Es ist meine Überzeugung, dass als Ergebnis der Erfahrungen und der Einsichten, die Menschen aus den unterschiedlichsten Gesellschaftsgruppen gewonnen haben, uns langsam dämmern wird, dass es notwendig ist, die unterschiedlichen Eigenschaften und inneren Qualitäten aller Menschen wertzuschätzen und zu respektieren.

Was macht Seine Heiligkeit am glücklichsten?

Gesunder Schlaf und gutes Essen!

Man soll nicht ausschließlich dem Studium und Wissen Beachtung schenken, sondern auch unserer Herzensbildung, so dass wir am Ende einer längeren Erziehung nicht nur großes Wissen angesammelt haben, sondern uns auch zu einem warmherzigen und mitfühlenden Menschen entwickelt haben.

1997

6. Die Zwei Wahrheiten

Der erste Teil meines Vortrags wird sich mit der akademischen, wissenschaftlichen Erklärung der Wahrheit beschäftigen, und im zweiten Teil werde ich darauf eingehen, wie man sie im täglichen Leben auf der Basis dieser Erklärungen umsetzt.

Als offensichtlichen Ausgangspunkt kann man festhalten, dass wir Menschen sind, die sich Glück wünschen und Leid vermeiden wollen. Mit diesem Wissen im Hintergrund wollen wir das Wesen der äußeren und inneren Wahrheit bzw. Wirklichkeit untersuchen und verstehen. Unter den verschiedenen philosophischen Systemen und Lehrgebäuden, die wir in der menschlichen Kultur vorfinden, stellt der Buddhismus nur eines dar. Wir haben so viele unterschiedliche Weltanschauungen, dass eine einzelne allein die Menschheit nicht befriedigen kann; deshalb gibt es so viele Arten metaphysischer und spiritueller Erklärungssysteme. Es ist sogar gutzuheißen, dass uns eine Vielzahl von Lehrsystemen für so viele verschiedene Arten von Menschen zur Verfügung steht.

Als jemand, der dem Buddha und seiner Philosophie folgt, habe ich sicherlich etliche Dinge gelernt, aber dennoch habe ich deshalb nicht aufgehört zu lernen und gewinne weiterhin neue Erkenntnisse. Ein Experte bin ich nicht, sondern ein buddhistischer Mönch, der aufrichtig versucht, seinem

Glauben im täglichen Leben zu folgen. Wenn ich einem Problem gegenüberstehe, helfen mir die buddhistischen Lehren dabei, mein inneres Gleichgewicht beizubehalten. Zugleich erlauben sie mir einen hohen Grad an intellektueller Flexibilität und geistiger Geradlinigkeit. Wenn ich also gebeten werde, diese Philosophien zu erläutern, dann betrachte ich es als meine Verpflichtung, diesem Wunsch mit Freude nachzukommen.

Das Fundament buddhistischer Philosophie setzt sich aus zwei Leitgedanken zusammen: „Wenn du in diesen Lehrsätzen etwas Sinnvolles und Nützliches für dich findest, dann solltest du dich intensiver mit ihnen beschäftigen und deine daraus neu gewonnenen Erkenntnisse in deinem täglichem Leben anwenden; findest du jedoch nichts dergleichen, dann lass alles so, wie es ist." Den meisten sind die *Vier Edlen Wahrheiten* geläufig (die Wahrheit des Leidens, des Ursprungs, der Beendigung und des Weges). Sie bilden das Fundament des Buddhismus. Das Ziel jeden Wesens ist Glückseligkeit - dauerndes Glück. Es ist wunderbar und lohnenswert, immerwährendes Glück erlangt zu haben; denn es bedeutet kein Leiden mehr, sondern langwährenden Frieden und tiefe Befriedigung. Oft geschieht es, dass nach einem Moment des Glücks oder der Freude die eine oder andere Art von Problem eintritt. Das heißt also, dass dieses Glück nicht von Dauer ist. Daraus ergibt sich die Bedeutung der *Vier Edlen Wahrheiten*. Weil wir kein Leid wollen und damit wir es vermeiden können, müssen wir seine Gründe herausfinden und untersuchen. Lassen sich diese Gründe eliminieren? Wenn ja, lohnt es sich, dies auch zu versuchen. Ist dem nicht so, dann hat es keinen Zweck, die Anstrengung überhaupt zu unternehmen. Die dritte Edle Wahrheit betrifft das wahre Ende allen Leidens (was wir *Nirvana* oder *Moksha* nennen). Sollte es in der Tat möglich sein, die Leiden einzudämmen, dann ist es sinnvoll, Wege und Mittel zu finden, den eigenen Geist zu läutern und die Gründe für Leid zu eliminieren. Darin besteht die vierte Wahrheit.

Diese Wahrheit gibt auch Aufschluss über das Gesetz von Ursache und Wirkung und das Wesen der Interdependenz; sie ist die Basis für *Shunya,* die Leerheit. Die *Shunya*-Theorie beruht auf der Vorstellung, dass Dinge gegenseitig bzw. voneinander abhängig, interdependent sind. Jedes Ding hat verschiedene Aspekte, und bei genauerer Betrachtung stellt man fest, dass alle Dinge und ihre Aspekte aufeinander bezogen sind. Das Wesen der Dinge ist relativ, auf anderes bezogen, und die Leerheit ist ihr absolutes Wesen. Deshalb kann man neue Dinge schaffen, die wiederum sich selbst verändern, da Dinge nicht durch ganz bestimmte, sondern durch viele andere, sich immer neu zusammenstellende Faktoren bedingt sind. Wären Dinge absolut und würden sie nur durch sich und für sich existieren, gäbe es keine Möglichkeit, neue Erfahrungen zu machen oder neue Ziele zu setzen und zu erreichen. Wenn die Existenz der Dinge absolut wäre, könnte man durch keinerlei Mittel irgendwelche Veränderungen bewirken. Darin besteht das Wesen der Zwei Wahrheiten.

Der Buddha hat drei Zyklen der Lehre in Gang gesetzt; man spricht von der dreifachen Umdrehung des *Dharma*-Rades. In der ersten Umdrehung lehrte der Buddha die *Vier Edlen Wahrheiten*. Für Menschen, deren Verhalten disziplinierter und rein war, lehrte er das Sutra über die Vervollkommnung der Weisheit. Es beinhaltet hauptsächlich die Lehre über die Leerheit. Je nachdem, wie Menschen die hinter dieser Lehre stehende Idee interpretierten, entstanden die Anschauungen des *Cittamatra* und *Madhyamika*.

In der letzten Drehung des Rades der Lehre wies der Buddha vor allem darauf hin, wie man die Illusionen des Geistes auflösen kann. Oder anders gesagt: der Geist besitzt eine Klarheit, die als Ganzes entwickelt werden kann. Die *Vier Edlen Wahrheiten* wurden gemeinsam mit ihren sechzehn Aspekten unterrichtet. Die typischen Eigenschaften des wahren Leidens sind Vergänglichkeit, Leid, Leerheit und Substanzlosigkeit. Es gib noch die Lehre der *Vier Siegel*, die im Allgemeinen von allen Buddhisten akzeptiert wird. Die Vier Siegel sind: alle fest bestimmten und geformten Dinge (und auch Menschen) sind vergänglich; alle befleckten, d.h. unreinen Dinge leiden; Phänomene sind substanzlos und leer; *Nirvana* ist Frieden.

Was die Substanzlosigkeit der Phänomene betrifft, entstanden vier unterschiedliche Ansätze, je nach der in diesem Zusammenhang unterschiedlich vertretenen Sichtweise: *Vaibhashika*, *Sautantrika*, *Cittamatra* und *Madhyamika*. Sie alle gehen näher auf die *Zwei Wahrheiten* ein, wobei *Vaibhashika* und *Sautantrika* die Zwei Wahrheiten als je eigene voneinander getrennte Entitäten ansehen.

Laut *Vaibhashika* bezieht sich die herkömmliche Wirklichkeit auf jedes Phänomen, das nach seiner Auflösung seine Identität verliert. Wenn das Phänomen nach seiner physischen oder geistigen Auflösung seine Identität nicht verliert, dann handelt es sich um die absolute letzte Wahrheit bzw. Wirklichkeit. Das Mikrofon zum Beispiel ist insofern gewöhnliche Wirklichkeit, als es nach der Zerlegung in seine Einzelteile, die es zu dem machen, was es ist, seine Identität (als Mikrofon) verloren hat. Aber mit der Natur, die tief im Innern dieses Hilfsmittels liegt, verhält es sich anders: wir können sie nicht zerteilen oder ihren Kern entfernen. Diese besondere Natur wird hier absolut oder letztendlich genannt. Gemäß dieses Systems gibt es unteilbare Teilchen, und in Bezug auf das Bewusstsein gibt es unteilbare Geistes-Momente.

Im *Sautantrika*-Ansatz kann die gewöhnliche Wirklichkeit letztlich keine Funktion übernehmen, wohingegen die absolute Wirklichkeit dazu in der Lage ist. Eine Blume zum Beispiel ist in diesem System (*Sautantrika*) die absolute oder letztendliche Wirklichkeit, weil eine Blume selbst durch Ursache und Wirkung erschaffen wird und wiederum Wirkungen hervorbringen kann. Ist sie in der Lage, Wirkungen herbeizuführen, wird sie funktional genannt.

Da dieser besondere Gegenstand - die Blume - nichts anderes ist als was er ist, die Blume, hat er umgekehrt die Eigenschaft, kein anderes Phänomen zu sein. Diese Eigenschaft beruht auf bloßer geistiger Interpretation, und diese Interpretation dieser Eigenschaft der Blume wird konventionelle Wahrheit genannt. Sowohl nach der „Nur Geist"-Schule als auch nach der *Madhyamika*-Schule haben die Zwei Wahrheiten dieselbe Entität, unterscheiden sich aber dennoch voneinander. Beide Schulen stellen fest, dass, selbst wenn die beiden Wahrheiten verschieden sind und wenn man seinen Geist mit der konventionellen Wahrheit und der absoluten Wahrheit irgendeines Gegenstandes vertraut gemacht hat, der Geist nicht in der Lage ist, gegen das Objekt der Verneinung etwas auszurichten, das die Wahrheit oder sich selbst begreift, weil das Subjekt und seine Natur von je unterschiedlicher Entität sind. Deshalb ist die Annahme einer je unterschiedlichen Entität des Subjekts und des Objekts nicht haltbar.

Auch wenn die Entität der konventionellen Wahrheit und der absoluten Wahrheit dieselbe ist, sind die Zwei Wahrheiten dennoch verschieden. Wären sie es nicht, sondern identisch, unterschiedslos, dann liefe dies auf die Behauptung hinaus, dass, wenn man einen bestimmten Gegenstand, wie zum Beispiel einen Topf, korrekt erkennt, man zugleich die höchste Wahrheit oder die „Leerheit" des Topfes ebenfalls unmittelbar erkennen könnte. Die *Cittamatra*-Schule erläutert die Zwei Wahrheiten ihrer Natur nach. Gemäß dem *Madhyamika*-Ansatz ist diese Erklärung nicht so vollkommen, da sie die Eigenschaften des Selbst nicht als „leer" darstellt.

Nach der *Madhyamika*-Schule besitzt jeder Gegenstand und jedes Phänomen zwei Eigenschaften: seine konventionelle und seine höchste, letzte Wahrheit. In anderen Worten: Er hat einerseits eine zeitgebundene, vorübergehende, und andererseits eine bleibende, wirkliche oder beständige, ewige Qualität. Diese beiden Qualitäten sind zwangsläufig in einem Gegenstand präsent und besitzen eine gewisse Entität. Wenn Vertreter der „Nur-Geist"- oder *Cittamatra*-Schule die Zwei Wahrheiten erklären, beginnen sie zunächst damit, die drei Charakteristika oder Zeichen zu erläutern, um dann ihre Erklärung der Zwei Wahrheiten darauf aufzubauen. Der Zweck oder die Notwendigkeit zu erläutern, was denn die Zwei Wahrheiten auszeichnet, ist dadurch begründet, dass wir tief verwirrt und unwissend hinsichtlich der wahren Natur sind. Um diese Unwissenheit festzustellen und die Verwirrung auszuschalten, muss man sich über die wahre Natur der Phänomene im Klaren sein; so gesehen spielen die Zwei Wahrheiten eine wichtige Rolle bei dem Versuch, Wirklichkeit zu begreifen.

Gemäß der „Nur-Geist"-Schule (*Cittamatra*) lassen sich alle Phänomene in drei Klassen oder Typen einordnen: abhängige Phänomene, zugeschriebene Phänomene und aus sich heraus etablierte oder sich selbst gesetzte Phänomene. Die abhängigen Phänomene werden zur Grundlage von Bezeichnungen. Wir neigen dazu, Erscheinungen oder

Gegenstände als etwas aufzufassen, das äußerlich existiert und eine Substanz hat. Aber diese Art, die Phänomene zu betrachten, ist falsch. Die Natur der Dinge besteht in ihrer Nicht-Existenz. In anderen Worten: Die Phänomene, die uns als etwas Äußerliches erscheinen, haben dieselbe Substanz wie unser Geist: das erkennende Subjekt und das von ihm erkannte Objekt besitzen dieselbe Substanz. Wenn wir unseren Geist (Subjekt) und das Objekt gleichsam so begreifen, als hätten sie voneinander verschiedene Substanzen, dann ist dies falsch, es ist das Objekt der Verneinung; eine solche Existenz gibt es nicht. Solch eine Existenz ist leer. Leerheit bedeutet hier Fehlen von substanzieller Trennung bzw. Unterscheidung des Geistes (Subjekt) vom Objekt. Diese Eigenschaft des Fehlens substanzieller Unterscheidung von Geist und Objekt markiert die Grundlage der Bezeichnung abhängiger Erscheinungen.

Anders ausgedrückt: Gemäß dieser Denkschule ist die absolute Wahrheit gleichsam der höchste Gegenstand des Bewusstseins und ein gereinigtes Objekt. Anhänger dieses Ansatzes akzeptieren nicht die Existenz eines äußeren Gegenstandes, der substanziell anders als der Geist ist. Für den Geist sind alle Erscheinungen von derselben Natur.

Es gibt noch eine zweite Schule (*Svatantrika Madhyamika*), die die Theorie der „Nur-Geist"-Schule (*Cittamatra*) akzeptiert. Die *Prasangika Madhyamika*-Philosophen lehnen diese Sichtweise ab. Die prominenten Verfechter der *Madhyamika*-Schule widerlegen die Darstellung der „Nur-Geist"-Schule *(Cittamatra)*, indem sie darauf verweisen, dass, wenn man die Existenz äußerer Gegenstände nicht akzeptiert, man auch nicht von der Existenz des Geistes ausgehen kann. Die *Cittamatra*-Schule sagt, dass das äußere Objekt, das substanziell vom Geist (Subjekt) verschieden ist, nicht existiert, und dass man den äußeren Gegenstand bei dem Versuch, ihn mittels der Zerlegung in seine Bestandteile zu erkennen und zu begreifen, nicht finden wird. Daher sind äußere Gegenstände nichtexistent. Dagegen wendet die *Madhyamika*-Schule ein, dass, falls man einen äußeren Gegenstand nicht finden kann, wenn man ihn durch Zerlegung in seine Einzelteile untersucht, dies noch nicht seine Nichtexistenz beweist, es aber sehr wohl beweist, dass es keine inhärente Existenz dieses Gegenstandes gibt. Wenn man behauptet, äußere Gegenstände existierten nicht, dann muss man auch die Folgerung akzeptieren, dass der Geist ebenso wenig existiert. Deshalb akzeptieren die Anhänger des *Madhyamika*-Ansatzes die Existenz des Geistes wie auch die Existenz äußerer Gegenstände.

Der *Madhyamika*-Schule nach gibt es zwei Möglichkeiten, die Zwei Wahrheiten zu erklären: eine basiert auf der Existenz eines begrifflich denkenden Geistes und die andere auf der Existenz eines nicht begrifflich denkenden Geistes. Wenn wir aber erklären sollten, welche Wahrheit von beiden Arten von Geist akzeptiert werden könnte, dann müsste man so argumentieren: Konventionelle Wahrheit hat jene Erscheinung, die von einem konventionellen Geist erfasst wird, während die höchste Wahrheit von einem höchsten Geist erkannt wird, der das Wesen dieser höchsten Wahrheit analysiert hat. Dies ist die Erklärung, wie sie in Chandrakirtis *Madhyamika-Avatara* gegben wird.

Im *Bodhicharya-Avatara* wird eine Erklärung geboten, die von einem nichtbegrifflichen Geist ausgeht. In diesem Fall betrifft die konventionelle Wahrheit jedes Phänomen, das eine dualistische Erscheinung hat, während die höchste Wahrheit von einem höchsten Geist erkannt wird und nicht auf dualistische Weise erscheint.

Wenn wir über dualistische Erscheinungsformen sprechen, verstehen wir darunter viele Dinge. Dualistische Erscheinung bezieht sich zum Beispiel manchmal auf die Wahrnehmung konventioneller Erscheinungen, manchmal auf die wahre existierende Natur eines Gegenstandes und manchmal auf eine Erscheinung eines Bildes, das für eine Gattung von Phänomenen steht.

Was ist die etymologische Bedeutung von „Zwei Wahrheiten"? Der Begriff „konventionelle Wahrheit" wird verwendet, weil er ein „versteckendes", „verdunkelndes" oder „verhüllendes" Bewusstsein meint, und zwar in dem Sinne, dass dieses Bewusstsein aufgrund seiner spezifischen Existenzform den klaren Blick auf die Dinge verhüllt. Der Begriff scheint auf ein besonderes Bewusstsein zuzutreffen, das die Dinge aus seiner Unwissenheit heraus sieht (Unwissenheit bezeichnet einen die Sicht verhüllenden Geist). Einem so gearteten Geist fehlt das wahre Wissen über das jeweilige Objekt; er erachtet es (in seiner Unwissenheit) aber als wahr. Deshalb sprechen wir von einer „konventionellen Wahrheit" und nicht von einer „höchsten Wahrheit".

Versuchen wir konventionelle Wahrheit gemäß der Sanskrit-Tradition zu verstehen, kann das Wort „konventionell" verschiedene Bedeutungen haben. Manchmal meint das Wort *Samvritisatya*, das selbst wiederum unterschiedlich ausgelegt werden kann. Es kann sich auf das beziehen, was die Eigenschaften verdunkelt; oder auf etwas, das von einer anderen Bedingung abhängig ist. „Konventionell" meint also einen Geist, der verschleiert und auf Nichtwissen basiert.

Konventionelle Wahrheit kann verschiedentlich klassifiziert werden. Sie bedeutet, dass sich die wirkliche Existenzform eines bestimmten Phänomens und die Weise, in der es erscheint, nicht decken. Diese Wahrheit oder Wirklichkeitsform hat also keinen Bestand, aber auf der Grundlage, wie gewöhnliche Menschen sehen und erkennen, kann sie zwei Kategorien zugeordnet werden: wirkliche konventionelle Wahrheit und unwirkliche konventionelle Wahrheit. Auf der Basis weltlich geprägter Sicht gibt es zwei Klassen. So ist zum Beispiel eine in einem Traum erscheinende Person eine unwirkliche konventionelle Wahrheit, während die tatsächliche Person eine wirkliche konventionelle Wahrheit darstellt. Die zwei Klassen werden also vom weltlich eingestellten Standpunkt her voneinander unterschieden, und nicht aufgrund ihrer tatsächlichen Existenzform.

Was die höchste Wahrheit betrifft, so interpretiert die *Madhyamika*-Schule sie auf sehr unterschiedliche Weisen. Für einige bezieht sich der Begriff „höchste Wahrheit" auf die wirkliche Natur der Dinge und Erscheinungen. Diese wirkliche Natur kann nicht übertroffen werden; es gibt keine höhere, und sie stellt etwas dar, das man kennen sollte. Man muss versuchen, diese durch nichts weiter zu übertreffende Realität zu erkennen und zu begreifen. Das Wort „höchste" kann ebenfalls auf zweierlei Weisen verstanden werden. Manchmal meint es das Objekt der Verneinung, etwas, das widerlegt werden muss. Dann wieder kann es sich auf die Weisheit beziehen, die man entwickeln sollte. Wenn wir dieses Wort in Bezug auf ein Objekt der Bezeichnung verwenden, gibt es kein Phänomen, das auf höchster Stufe existiert. Beziehen wir dasselbe Wort auf ein Objekt, das in seinem wahren Grund, seiner Substanz, von einem wissenden Bewusstsein erkannt werden kann, dann handelt es sich um einen tatsächlich existierenden Gegenstand. Wenn das zu widerlegende Objekt ein bestimmter Gegenstand ist, der existiert, dann sollten wir in der Lage sein, dieses Objekt mit Hilfe eines wissenden Bewusstseins zu finden bzw. zu erkennen. Und falls es sich bei diesem um etwas handelt, das durch ein wissendes Bewusstsein erkannt und verstanden wird, dann besteht kein Anlass, dass dieses Objekt durch sich existiert. Die Leerheit oder die Eigentümlichkeit dieser letzten, höchsten Wahrheit wird durch ein Bewusstsein der Weisheit erfasst.

Nehmen wir ein bestimmtes Phänomen und analysieren wir seine Natur, kann es letzten Endes nicht gefunden werden. Nehmen wir nochmals die Blume als Beispiel: Wenn wir die Blume analysieren, um ihre letzte grundlegende Natur und Wirklichkeit zu entdecken, werden wir die Leerheit bzw. das der Blume innewohnende Wesen der Leerheit entdecken, die aber selbst als solche nicht gefunden werden kann. Was wir jedoch antreffen, ist Leerheit eben dieser Leerheit.

In den Sutren wird die letzte und höchste Wahrheit in zwanzig oder manchmal auch sechzehn Typen klassifiziert; sie kann aber auf jeden Fall genau in zwei Unterkategorien unterteilt werden: die Leerheit der Person und die Leerheit der Phänomene; man kann auch sagen: selbst-lose Person oder selbst-lose Phänomene.

Wie zuvor bereits erläutert, bezieht sich das Wort „höchst" aus tantrischer Sicht auf den subjektiven Geist oder das subjektive Bewusstsein. Manchmal bezeichnet es auch das Objekt. Im Allgemeinen hat das Wort drei Bedeutungen: das Objekt, das mit Weisheit ausgestattete Bewusstsein, und die Auswirkung. Folgen wir der tantrischen Tradition, bedeutet es nochmals etwas anderes. Die verschiedenen Texte, vor allem die tantrischen Texte, verwenden das Wort „höchst" auf unterschiedlichste Weise, wobei jede Bedeutung ihre eigene Konnotation in sich trägt. Daher ist es sehr wichtig, die Bedeutung dieses Wortes in seinen verschiedenen Kontexten richtig zu erfassen, andernfalls wird man nur verwirrt. Die Begriffe „konventionelle Wahrheit“ und „höchste Wahrheit“ gelten im Allgemeinen für Tantra und Sutra und umfassen dabei den gesamten Bereich und Bestand des Wissens; im Rahmen der Tantra-Tradition ist dies nicht unbedingt der Fall, dort beziehen sie sich manchmal nur auf den Pfad.

Wer findet die Leerheit?

Ich denke, es gibt jemanden, der die Leerheit findet. Wir werden bestimmt auf sie stoßen, wenn wir ernsthaft vorgehen, vor allem, wenn wir auf etwas treffen, das eine mächtige Emotion hervorruft, wie Hass oder eine enge Bindung, oder angesichts eines sehr starken Egos. Wenn wir während des Momentes, in dem wir eine sehr sorgfältige Untersuchung durchführen, die Art und Weise analysieren, mit der unser Geist oder Bewusstsein ergriffen wird und wie die Dinge in unserem Bewusstsein erscheinen, dann werden wir entdecken, dass die Erscheinung, um die es geht, eine sehr starke Wirkung hat. Sie scheint fest und unabhängig, frei von irgendwelchen Einflüssen zu sein. Wenn sich Gefühle des Hasses entwickeln, wird uns das Objekt des Hasses in diesem Moment als völlig negativ erscheinen. Aber das ist eine übertriebene, extreme Wahrnehmung. In dem betreffenden Moment jedoch scheint es – aufgrund der eigenen geistigen Haltung – so zu sein. Nichts ist hundertprozentig negativ. Dieser Moment ist die beste Gelegenheit und die richtige Zeit, die wahre Natur und ihre Erscheinungsweisen zu analysieren. Man wird gemäß logischer Schlussfolgerung die Leerheit sehen und erkennen, dass die Dinge und Erscheinungen relativ sind; und zwar indem man die Ursachen und die Entität einer bestimmten Erscheinung untersucht, ob sie als Einzelnes oder aus verschiedenen Teilen zusammengesetzt existiert; des Weiteren, welche Wirkung diese Erscheinung hat, ob sie existente oder nichtexistente ist, und schließlich, ob sie eine abhängige Natur in sich trägt oder ob sie durch bestimmte Umstände bedingt ist. Wenn man also sehr sorgfältig und genau in seinen Untersuchungen vorgeht, wird man spüren, dass etwas vorhanden ist. Soviel ist ziemlich sicher.

Die Leerheit zu erkennen ist sehr, sehr wichtig, weil wir während des Analysierens der wahren Natur der Dinge entdecken werden, dass die wahre Natur Leerheit bzw. das Fehlen inhärenter Existenz ist. Man kann durchaus denken, dass die Leerheit wirklich existiert. Es ist deshalb äußerst wichtig, die Leerheit der Leerheit oder das Wesen der Leerheit, zu erkennen, weil die Leerheit selbst nicht unabhängig für sich existiert; sie selbst ist von anderem abhängig. Werfen wir einen oberflächlichen Blick auf einen bestimmten Gegenstand und dessen Natur, dann scheint das uns erscheinende Objekt in seiner Wirkung mächtiger zu sein als die in dem Objekt „befindliche" Leerheit dieses Objekts, da wir Leerheit nicht erklären können, ohne dass wir uns dabei auf das jeweilige Objekt beziehen oder stützen. Anders formuliert: Die Leerheit ist eine besondere Eigenschaft eines bestimmten Objekts oder einer bestimmten Erscheinung. Für jede Eigenschaft muss es eine Basis, eine „Grundlage" geben, etwas, was diese Eigenschaft trägt. So wird auch *Shunya* ein Teil eines Gegenstandes – sie ist Eigenschaft eines Gegenstandes.

Bewusstsein hat auch die Natur der Leerheit. Dafür gibt es einen einfachen Grund: Leerheit bedeutet die Abwesenheit oder das Fehlen einer unabhängigen Existenz oder Eigenexistenz. Das Sanskritwort *Pratityasamutapada* bedeutet so viel wie abhängiges Entstehen oder Auftreten. „Abhängig", weil es an anderes gebunden ist und nicht von absoluter Natur ist. „Entstehen" drückt aus, dass etwas geschehen ist aufgrund anderer Faktoren, Bedingungen oder Gründe. Leerheit ist so etwas wie „Null"; ohne „Null" kann man nicht beginnen zu zählen. Da Dinge untereinander in Beziehungen stehen, meint „leer" hier „leer von etwas". Wenn das Wesen der Leerheit in einem Etwas besteht, ist alles möglich. Diese Grundlage bedeutet im Umkehrschluss die Abwesenheit oder das Nichtvorhandensein eines absoluten Wesens.

Wenn wir etwas im landläufigen Sinne als unwahr bezeichnen, dann im Allgemeinen nicht deswegen, weil dieses Etwas aus dem Blickwinkel eines wissenden Bewusstseins unwahr wäre, sondern weil es uns in der Welt als unwahr erscheint; wir haben den Eindruck der Nichtwahrheit oder Nichtwirklichkeit aufgrund einer durch anderes bedingten Wahrheit. Wenn sich jemand für etwas interessiert, entsteht eine Beziehung. Wie wir unseren Schmerz und unsere Freude erleben, hängt im Alltäglichen sehr von unserer geistigen Haltung ab. Wenn wir aber erst einmal die konventionelle und die letzte, höchste Wahrheit erkennen, hilft dies sehr, geistige Überreaktionen abzumildern. Die Erkenntnis dessen, was die Zwei Wahrheiten auszeichnet, hilft ebenfalls, einen in sich gefestigten Geist zu entwickeln.

Wir akzeptieren das Gute und das Schlechte gemäß unserer Erkenntnis der tieferliegenden Natur. Haben wir ein gut fundiertes Verständnis der wirklichen Natur der konventionellen und der höchsten Wahrheit entwickelt, werden wir äußere Phänomene mit einer ausgewogenen Sichtweise auf uns zukommen lassen. Bevor wir das Wesen der Zwei Wahrheiten wirklich begriffen haben, neigen wir dazu, die Erscheinungen im Vergleich zu dem, was sie wirklich sind, als „übergroß“ und „übermächtig“ aufzunehmen bzw. zu sehen. Unser Geist ist eine feste Entität; so zumindest erscheint es uns. In Wirklichkeit gibt es jedoch eine Vielzahl unterschiedlicher Geistesformen. Der menschliche Geist ist auf besondere Weise sehr hoch entwickelt. Um daher geistigen Frieden zu erlangen, greift der Buddhismus zu Techniken, die geistige Unruhe vermindern und stattdessen geistigen Frieden und geistige Ausgeglichenheit verstärken. Man kann unter vielen Möglichkeiten wählen, um inneren Frieden zu erlangen und Ängste zu vermindern. Das Wissen über die Zwei Wahrheiten ist eine davon. Allgemein gesprochen wirken spirituelle Übungen auf den Geist stabilisierend; das Gleiche gilt für den Frieden.

Können Sie etwas zu gut und böse sagen?

Gut und böse sind aus buddhistischer Sicht relativ und hängen von anderen Faktoren ab. Unter bestimmten Bedingungen ist etwas gut, unter anderen Vorzeichen kann das Gleiche sich zum Schlechten wenden. Es gibt also kein absolutes Schlechtes und kein absolutes Gutes. Wir müssen das je nach den gegebenen Umständen neu beurteilen und entscheiden. Aber allgemein kann man sagen, dass alle Handlungen oder alle Faktoren, die uns Glück oder Befriedigung bringen, gut sind; umgekehrt ist alles, was uns Schmerz und Unglück bereitet, schlecht. Die letzte Entscheidung über gut oder schlecht beruht auf Erfahrung und Gefühl. Unser Geist hat das letzte Wort.

Ich glaube, dass es geistige Ruhe und Friedlichkeit sind, die uns Entspannung und Glück bringen. Das gilt für jeden.

Eine andere Form, dies zu erreichen besteht im Altruismus. Da alles in wechselseitiger Abhängigkeit besteht, wird auch unsere eigene Zufriedenheit oder Glückseligkeit zum großen Teil durch andere mit bedingt. Wenn andere Menschen, und auch Tiere, zufrieden sind und ihre Glücksgefühle oder irgendeine andere positive Reaktion zeigen, dann werden auch wir zufrieden; daher ist die Ausübung von Altruismus ein Schlüsselfaktor.

Der erste Teil meines Vortrages behandelte die Grundlage der Zwei Wahrheiten und der *Vier Edlen Wahrheiten*. Nun spreche ich darüber, wie wir sie in unser tägliches Leben einbringen und sie richtig anwenden können.

Es gibt zwei Möglichkeiten, mit den *Vier Edlen Wahrheiten* umzugehen. Eine besteht darin, mehr und intensiver über sie nachzudenken; dadurch werden wir sie besser verstehen. Bei der zweiten denken wir ebenfalls über die *Vier Edlen Wahrheiten* nach; aber wenn es um die Frage der Beendigung von Leiden geht - *Nirodha* - kann die Erläuterung der Zwei Wahrheiten hinzukommen. Die erste Edle Wahrheit besteht im Erkennen der Natur des Leidens. Wenn unser Leben gut und durch andauerndes Glück bestimmt ist, gibt es keinen Anlass, über andere komplizierte Dinge nachzudenken. Aber unser Leben ist nicht so und lässt sich auch nicht so einfach leben.

Wollen wir das Wesen des Leidens in unserem Leben begreifen, müssen wir die drei Arten oder Formen von Leiden verstehen. Die erste ist das Erleiden des Leiden oder das Leiden am Schmerz. Es manifestiert sich in Gestalt von Kopfschmerzen und anderer Schmerzen und kann auch Tiere betreffen. Es gibt Wege und Möglichkeiten, dieser Art von Leiden für gewisse Zeit zu entkommen oder sie sogar zu überwinden. Die zweite Form des Leidens ist das Erleiden von Veränderungen und Wechsel. Damit sind Erlebnisse und Erfahrungen gemeint, die für uns mit Freude verbunden sind. Wenn wir zum Beispiel etwas Neues erhalten, freuen wir uns die ersten Tage darüber. Nach einer Weile erzeugen jedoch dieselben Gegenstände eine gewisse Unzufriedenheit oder Frustration.

Wir mögen uns einer Sache, die auf den ersten Blick einen sehr schönen Eindruck hinterlässt, sehr nahe oder sehr zu ihr hingezogen fühlen, aber später kann dieselbe Sache hässlich und weniger gut erscheinen. Schließlich möchten wir sie nur noch loswerden. Es ist nur natürlich, dass Menschen, die in einem kleinen Dorf oder abgelegenen Ort leben, sich nach einem attraktiveren Leben an einem anderen Ort, einer größeren Stadt oder in einem fremden Land sehnen. Und oft geschieht es, dass umgekehrt Menschen in einer Großstadt vom Leben auf dem Lande träumen. Wünsche ändern sich die ganze Zeit über. Dies ist die zweite Form des Leidens: das Leiden an Wechsel und Unbeständigkeit.

Es gibt verschiedene Auslegungen, was die dritte Art des Leidens angeht: das bedingte Leiden. Eine Interpretation besagt, dass unser Körper unter dem Einfluss der Unwissenheit ist. Unwissenheit erscheint in verschiedenen Formen. Eine Form ist die reine Unwissenheit, d.h. man weiß etwas nicht, eine Sache ist uns unbekannt. Eine andere lässt uns Dinge in einer verdrehten oder falschen Weise sehen. Diese Art ist der wahre Keim für Probleme, Ärger und Leiden. Wenn wir also erkennen, dass Unwissenheit der Grund für Probleme ist, sollten wir etwas gegen sie unternehmen und sie beseitigen. Wenn Leiden etwas ist, das man eliminieren kann, dann sollte man Leiden als das ansehen, was es ist, und sich nicht davor fürchten oder sich davon frustrieren lassen.

Nun steht die entscheidende Frage an, ob es ein Beenden des Leidens gibt oder nicht. In diesem Zusammenhang müssen wir das Bewusstsein mit einbeziehen. Es gibt zwei voneinander getrennte Erscheinungen: Materie und Bewusstsein. Wenn wir eine Blume oder unseren Körper unter dem Aspekt von Teilchen oder Molekülen betrachten, sind beide in ihrer Substanz sehr ähnlich und folgen denselben Naturgesetzen. Der große Unterschied liegt jedoch darin, dass Blumen kein Bewusstsein haben wie Menschen. Neben diesen materiellen Teilchen gibt es also etwas, das wir Bewusstsein nennen. Wenn Körper oder Teilchen und Bewusstsein zusammenkommen und eine Einheit bilden, haben wir empfindungsfähige oder empfindende Wesen vor uns. Daraus entwickelt sich ein Gefühl von „Ich".

Es gibt unterschiedliche Bewusstseinsstufen. Wenn wir wach sind, bewegen wir uns auf einer bestimmten Bewusstseinsstufe; während wir träumen, wirkt eine tiefer liegende, und befinden wir uns im tiefen, traumlosen Schlaf, sind wir auf eine noch tiefere Bewusstseinsstufe gelangt. Werden wir ohnmächtig oder hört das Atmen auf, wird während dieser Zeit das Bewusstsein subtiler. Gewöhnlich bezeichnen wir diesen Zustand als „bewusstlos", aber tatsächlich begibt sich das Bewusstsein nur auf eine tiefere Ebene. Die tiefste Bewusstseinsstufe tritt ein, wenn wir sterben.

Der „gröbere" Teil unseres Geistes hängt sehr stark von Körperorganen wie dem Gehirn oder den verschiedenen Nervensystemen ab. Je tiefer das Bewusstsein, umso unabhängiger wird es vom Körper. Daher wird der subtilste Geist aktiv, wenn die Körperfunktionen zu einem völligen

Stillstand kommen. Im Moment des Todes findet der normale Prozess der Trennung von Körper und subtilem Bewusstsein statt. Jemand, der eine gewisse Übung in Yoga und Meditationen hat, kann willentlich Körper und Bewusstsein voneinander getrennt denken. Mit Hilfe der Meditation kann man auch den Blutkreislauf, das Atmen und andere Körperfunktionen beeinflussen. Wenn man sein Meditations-Training intensiviert, kann man unter Umständen die Trennung von Körper und Bewusstsein herbeiführen. Durch Bewusstseinsübertragung kann diese Trennung vollzogen werden. Für den Anfänger stecken noch gewisse Gefahren in diesen Vorgängen, da es ihm vielleicht gelingen mag, Körper und Geist voneinander zu trennen, nicht jedoch, sie wieder zusammenzuführen, denn es ist einfacher, sie zu trennen als sie wieder zu vereinigen.

Gespräche mit Neurologen und Neurobiologen eröffnen neue Einsichten über das Hirn und seine Funktionsweisen. Aufgrund unserer Erfahrung können wir sagen, dass es einen Aspekt des Geistes gibt - besonders die Energie -, der das Nervensystem kontrolliert und steuert. Wie bereits gesagt, ist körperliche Gesundheit eng an geistige Gesundheit gekoppelt. Es gibt bereits Versuche, körperliche Krankheiten durch Meditation zu heilen. Wenn wir von Unwissenheit sprechen, dann meinen wir einen Mangel oder eine Schwäche in unserem Bewusstsein. Um diese nachteiligen, negativen Eigenschaften des Bewusstseins zu vermindern bzw. um mit ihnen überhaupt umgehen zu können, treten Veränderungen auf; es kommen uns Zweifel. Diese Umformung unseres Bewusstseins beeinflusst unsere Erkenntnis; schließlich sind wir in der Lage, eine unmittelbare, das heißt nicht durch Begrifflichkeit geprägte und verstellte Wahrnehmungsform zu entwickeln.

Will man also diese Art von fehlerbehaftetem Geist eliminieren, muss man den Geist und die Bewusstseinswandlung in ihrem Wesen verstehen. Zunächst sollte man den Zustand untersuchen, in dem sich der Geist befindet. Dabei kann es geschehen, dass man eine andere Art von Bewusstsein und ein wildes Durcheinander von Gedanken erlebt. Das liegt an dem Vorhandensein zu vieler begrifflich vorgefasster Gedanken, durch die die Dinge in ihrer wahren Existenz verschleiert werden. Das wahre Wesen des Geistes wird blockiert – als ob man Farbe in ein durchsichtiges Glas gäbe: es ist dann sehr schwierig, das klare Glas zu sehen. Wenn wir versuchen, die Ebene des „gröberen" Bewusstseins und das Durcheinander der Gedanken zu klären, erhalten wir einen kleinen Einblick in die wahre Natur des Geistes. Auf dieser Stufe spüren wir die leere Natur des Geistes. Dies ist eine Möglichkeit, sie zu erkennen. Wenn ich an dieser Stelle von Natur spreche, dann handelt es sich nicht um die letzte bzw. höchste Natur, sondern um die konventionelle Natur des Geistes. Früh am Morgen, wenn wir schon wach sind, unser bewusster Geist aber noch nicht völlig aktiv ist, machen wie die Erfahrung von klaren, gleichsam von Farben oder anderen Zusätzen freien Gedanken. Die eigentliche Natur des Geistes ist etwas Weißem vergleichbar, das andere Farben aufnehmen kann; etwas Neutralem, nicht etwas, das schon von vornherein gut oder schlecht wäre. Es gibt noch andere Gedanken, die unseren reinen, geklärten Geist begleiten; es kann zum Beispiel niemand ununterbrochen verärgert sein. So lange wie Bewusstsein und Aufmerksamkeit da ist, wird selbst ein aufbrausender Mensch Momente innerer Ruhe erleben. Was unser Verhaftetsein an Dingen und Menschen angeht, so zeigt die grundlegende Natur unseres Geistes, dass es gelöst werden kann. Je nachdem welcher Art die inneren und äußeren Faktoren sind, kann sich das Verhaftetsein verstärken oder abschwächen. Es gibt also die Möglichkeit, das Verhaftetsein zu reduzieren.

Es stellt sich nun die Frage, ob man die oben erwähnten Gedanken überhaupt reduzieren kann. Auch hier gilt, dass, wenn wir dies erreichen wollen, wir ihre Form, die Art, wie sie existieren und uns gegenüber erscheinen, kennen müssen. Es ist üblich, dass wir Kategorien bilden und auf ihrer Grundlage zwischen der Eigenschaft eines bestimmten Objektes (in seiner Gesamtheit) und seinen Einzelteilen unterscheiden. Wenn wir über einen Gegenstand sprechen, seine Merkmale, Eigenschaften und seine Begrifflichkeit, dann haben wir dabei ganz bestimmte, voneinander unterscheidbare Eigenschaften vor Augen; sprechen wir jedoch über einen Gegenstand und seine Wirkung, dann sehen wir dies als zwei unterschiedliche Phänomene an. Wenn es sich dabei um die tatsächliche Existenzweise des Gegenstandes handeln sollte, müssten wir sie finden können, wenn wir den Gegenstand erkennen, aber dies ist nicht der Fall. Daraus folgt also, dass, auch wenn wir den Gegenstand in seine Einzelteile zerlegen und sie alle wegnehmen, wir nie den eigentlichen, wirklichen Gegenstand finden werden, der auch sein Ursprung war.

Dies kommt jedoch der konventionellen, „alltäglichen" Vorstellung von Existenz entgegen, nicht hingegen der höchsten, letzten Existenzform. Suchen wir nach dem letzten Grund für die Bestimmung der Gegenstände, so ist er nicht auffindbar. Auf der alltäglichen, „weltlichen" Ebene können wir uns zu einem gewissen Grad auf die Suche machen, aber jenseits davon, wenn wir die Erscheinungen in ihre Teile zerlegen, um den wahren, inneren Kern des

Gegenstandes zu finden, werden wir keinen Erfolg haben. Nehmen wir als Beispiel das „Ich". Gewöhnlich halten wir das „Ich" für einen Besitzer oder für etwas, das zu diesem Besitzer gehört. Deshalb nimmt man neben Körper und Geist eine von ihnen losgelöste Identität an. Wenn wir über das „Ich" sprechen, haben wir eine falsche Vorstellung darüber, was dieses „Ich" denn sei; wir halten es für den Besitzer von Körper und Geist. Um dies zu veranschaulichen: Stellen wir uns eine Person mit einem gestörten Geist oder missgebildeten Körper vor. Wenn jemand käme und sagte: „Ich gebe dir einen gesunden, besseren Körper und einen besseren Geist", wird die betreffende Person sofort ein Bewusstsein entwickeln, das dieses Angebot nur zu gerne annehmen würde. Das zeigt aber nur, dass wir eine völlig falsche Vorstellung haben, die besagt, dass das „Ich" getrennt vom Zustand des Bewusstseins und des Geistes existiert. Untersuchen, „zerlegen" wir aber unseren Körper und Geist, werden wir kein separates „Ich" vorfinden – es wird nichts übrig bleiben. Natürlich gibt es ein „Ich". Gäbe es kein „Ich", dann gäbe es auch kein „anderes". Gäbe es nichts anderes, dann wäre es sinnlos, Altruismus zu praktizieren. Demnach gibt es also unzweifelbar das „Ich" und das „andere". Die gewöhnliche Erklärung besteht jedoch darin, dass es ein „Ich" gibt, aber es lediglich zur Bezeichnung für die Kombination von Körper und Geist dient. Jede Erscheinung erhält ihre Bezeichnung aufgrund der Zusammenfügung ihrer Einzelteile. Nochmals: Die Erscheinung als solche oder den Gegenstand als solchen werden wir nicht durch die Untersuchung ihrer oder seiner Einzelteile finden. Kommen wir aufgrund dessen jedoch zu dem Schluss, der Gegenstand oder die Erscheinung existiere nicht, weil wir ihn/sie in ihren Einzelteilen nicht „finden" können, dann widerspricht dies unserer alltäglichen Erfahrung. Unsere Erfahrung vermittelt uns zweifelsfrei, dass diese oder jene Person tatsächlich existiert und nicht nicht existiert. Wenn wir die Existenz der Person in Abrede stellen, verfallen wir ins Extrem des Nihilismus. Obwohl die Person existiert, ist ihre Existenz nur konventioneller Art. Die Existenz existiert nicht unabhängig. Dieser Schluss macht die Vorstellung von Dauer bzw. Ewigkeit eindeutig zunichte.

Wenn wir eine Person unter dem Aspekt betrachten, das sie durch etwas gekennzeichnet ist und in Abhängigkeit von anderem ist, dann werden zwei Extreme ausgeschaltet: das Extrem der völligen Nichtexistenz und das Extrem der immerwährenden Existenz. Deshalb nennen wir unsere Vorgehensweise im Denken und Handeln *Madhyamika* oder den mittleren Weg. Diese Sichtweise geht davon aus, dass Dinge weder nichtexistent sind noch eine unabhängige Existenz besitzen. Die Phänomene erscheinen uns, als existierten sie aus sich selbst heraus, ohne von anderem abhängig zu sein, aber das ist nicht der Fall. Sie existieren nur insofern, als sie dabei von anderen Phänomenen abhängen. Dass sie als dies oder jenes bezeichnet oder festgelegt werden, geschieht durch unseren Geist, nicht durch sie selbst. Sich dies klar zu machen ist der entscheidende Aspekt von *Madhyamika*.

Es ist lohnend, sich an dieser Stelle vor dem Hintergrund der soeben dargestellten Sichtweise Gedanken über das Entstehen von Zorn und Anhaftung zu machen. Es ist, glaube ich, inzwischen deutlich geworden, dass, wenn wir zornig werden oder uns an etwas klammern, der jeweilige Gegenstand, auf den sich unser Zorn richtet oder an den wir uns binden, uns als etwas erscheint, das unabhängig für sich alleine existiert und das zudem etwas Gutes oder

Schlechtes ist. Im Laufe der Zeit, wenn Gefühle des Zorns oder der Bindung nachlassen oder verschwinden, werden sich auch unsere Gefühle dem betreffenden Gegenstand oder der Person gegenüber ändern. Wenn zum Beispiel ein Paar heiratet, mögen beide, Mann und Frau, einander schön und gut erscheinen. Dies liegt hauptsächlich in ihrer Projektion begründet, die sich aus ihrer Bindung aneinander ergibt. Treten Schwierigkeiten auf, schwächen sich die zuvor so starken Gefühle schnell ab. Verschwinden diese Schwierigkeiten, erscheint die andere Person so wie sie ist, und man erkennt ihr wahres Wesen.

Es wird nun deutlich, dass, wenn wir negative Gefühle oder eine negative Einstellung entwickeln, die Gründe dafür in der falschen oder unzutreffenden Weise liegen, wie wir Dinge und die Welt um uns auffassen. Das wahre Erfassen der Erscheinungen und Dinge und das Bewusstsein, das erkannt hat, dass nichts aus sich alleine heraus existieren kann, stehen im offenen Widerspruch zu der Art, in der die Dinge uns auf konventionelle Weise erscheinen und von uns aufgenommen werden. Wir haben also zwei Bewusstseinsformen: die eine, die um das Fehlen einer unabhängigen Existenz weiß, und die andere, die in alltäglicher, konventioneller Wahrnehmung der Dinge so tut, als existierten sie unabhängig. Diese zwei Bewusstseinsformen beziehen sich auf dieselben Gegenstände, aber ihre jeweilige Wahrnehmungs- oder Auffassungsweise sind verschieden, sie stehen sich gegenüber. Der einzige Unterschied besteht darin, dass das Bewusstsein, das das Fehlen unabhängiger Existenz erkannt hat, das wahre Bewusstsein ist, da es in seiner Erkenntnis von der Wirklichkeit gestützt ist, wohingegen das andere, konventionelle Bewusstsein dies nicht für sich in Anspruch nehmen kann.

Es besteht die Möglichkeit, alle negativen Gedanken zu eliminieren. Mit der Zeit, wenn unsere Meditation, gekoppelt mit analytischer Meditation, immer intensiver wird, können negative Gefühle und Gedanken schließlich irgendwann eliminiert werden. Diesen Geisteszustand, in dem alle negativen Gefühle verschwunden sind, nennen wir *Nirvana*, *Moksha* oder Ende des Leidens. Das letztere meint nicht das Ende unseres Bewusstseins oder unser selbst, es bezieht sich auf das Ende aller negativen Regungen und Gedanken. Im buddhistischen Denken gibt es verschiedene Interpretationen von *Moksha*. Die *Vaibhashika*-Schule glaubt zum Beispiel, dass, wenn wir dem Leiden ein wirkliches Ende gesetzt haben (*Nirodha* oder *Moksha*), auch kein Bewusstsein, kein psycho-physisches Gesamtgefüge (*Skandha*), kein Sein mehr existiert. Wie jedoch Nagarjuna sagte: „Wenn dem so wäre, gäbe es kein Sein oder Wesen, das diesen Zustand erreichen könnte." Wir können also nicht sagen, es gibt ein Wesen, das *Nirvana* erreichen kann, und dann aber, wenn es tatsächlich *Nirvana* erreicht hat, nicht mehr ist; umgekehrt hieße das: solange es ein Wesen oder Sein gibt, kann dieses Wesen *Nirvana* nicht erlangen. Das Wesen des Bewusstseins ist rein, so dass es keinen Grund gibt, dass es einmal nicht mehr sein oder sein Ende finden sollte. In der *Madhyamika* und *Cittamatra*-Philosophie existiert *Nirvana* eindeutig, aber es gibt auch das Sein mit seiner Selbstidentität. Selbst in der Buddhaschaft existiert ein Buddha mit seiner (oder ihrer) individuellen Identität. In meiner Sicht ist *Moksha* das vollständige Aufhören des Geistes, das Ende des „Ichs". Ich würde jedoch *Samsara* dem *Nirvana* vorziehen, denn in *Samsara* finden Leben und Erfahrungen statt. Ich meine, dies ist besser als nur Nichts.

Menschen haben den Eindruck, dass das Beenden des Leids oder *Nirvana* das Nichts bedeuteten, und dass alle Gefühle, Bewusstsein und Dinge sich in einer Leere, einem Nichts auflösen würden, dass es also nichts mehr gäbe. Das ist falsch. In Wirklichkeit ist *Nirvana* der völlig gereinigte oder geläuterte Zustand unseres Geistes. Es ist die höchste und letzte Natur des Geistes, aus dem alle Schmerz verursachenden und quälenden Gefühle und Regungen entfernt sind.

Es liegt in unserer Verantwortung, tief in unserem Innern zu fühlen: „Ja, es gibt einen Weg, und es gibt etwas, das zu erreichen jede Mühe und Anstrengung wert ist." Deshalb sollten wir herauszufinden suchen, was die leidende Natur bzw. das leidende Wesen auszeichnet, und auf weltliche Güter und Bindungen verzichten, um *Nirvana* zu erreichen, das immerwährende Befreiung bedeutet. Wenn wir an die ersten beiden *Edlen Wahrheiten* denken, ohne die letzteren zwei dabei mit zu beachten, würden sie ihre beabsichtigte Wirkung und ihren Zweck verfehlen. Viele können die Passivität, Untätigkeit und den Pessimismus derjenigen nicht akzeptieren, die sich nur auf die ersten zwei Wahrheiten konzentrieren. Aus diesem Grund sollten wir eine Balance finden und sowohl die zwei „negativen" wie auch die zwei „positiven" Wahrheiten verstehen und annehmen. Man wird mit diesem Ziel vor Augen ein besseres Verständnis und eine tiefere Erkenntnis über das Wesen beider Wahrheiten gewinnen. Es wird sich nicht vermeiden lassen, dass wir gegenüber den negativen Gedanken eine negative Einstellung und negative Gefühle entwickeln. In Wirklichkeit befindet sich unser wahrer Feind, der Ärger verursacht und unser Glück zerstört, in uns selbst. So zerstören zum Beispiel Zorn, Hass, Abhängigkeiten und Gier unseren inneren Frieden, während unsere äußeren Feinde, so mächtig sie auch sein mögen, nie unserem inneren Frieden etwas anhaben können. Ein geistig in sich ruhender und friedfertiger Mensch mag noch so sehr von Feindschaft umgeben und bedroht sein, es wird ihm nichts ausmachen, weil ein solcher Mensch diese Feindschaft kaum an sich herankommen lassen wird. Auf der anderen Seite wird man keinen inneren Frieden und kein Glück finden, wenn man unglücklich, ruhelos, hasserfüllt und verwirrt ist, selbst wenn man von den besten Freunden umgeben ist. Innerer Frieden und seine Quelle sind Ziel und Zweck eines ruhigen und ausgeglichenen Geistes. Wir sehen also: der entscheidende Grund für geistige Ruhe und Glück kann zwangsläufig nicht außen, sondern ausschließlich in uns liegen.

Die Quelle für inneren Frieden kann nur durch den eigenen Zorn und die eigenen negativen Gefühle zerstört werden. Ein kluger Mensch wird nicht zulassen, dass Zorn oder Hass sich durchsetzen, weil letztlich niemand Unglück oder Leiden möchte. Will man Glück erreichen, muss man seine Quelle, seinen Ursprung finden. Wir müssen Liebe üben, einander Freundlichkeit erweisen und unseren Zorn eindämmen; dies sind keine religiösen Angelegenheiten, denn sie betreffen unser aller tägliches Glück.

Auf alltäglicher Ebene haben negative Gefühle wie Ärger und Wut ihre Wirkung und können in gewisser Weise auch hilfreich sein. Wenn wir einem Problem gegenüberstehen, in einem Streit klein beigeben müssen oder einen Misserfolg erleiden, tritt der Zorn gleichsam wie ein Beschützer auf, er unterstützt uns in unserer unglücklichen Lage. Zorn lässt uns furchtlos werden und bricht sich freie Bahn. Ein zornentbrannter Mensch ist fast um seinen Verstand gebracht, verwendet harsche und beleidigende Worte und lässt sich zu allerlei aggressiven Taten hinreißen. In einer bestimmten Weise vermittelt uns der Zorn so etwas wie Kühnheit und setzt nie zuvor gekannte und erlebte Kräfte – aber eben negative Kräfte – in uns frei. Daraus lässt sich erkennen, wie notwendig und wichtig es ist, dass wir diese Gefühle genau und sorgfältig untersuchen, damit wir ihre negative Grundlage und schädlichen Wirkungen klar erkennen.

Dominiert Zorn unseren Geist, benutzen wir oft barsche und unfreundliche Worte. Zieht sich der Zorn zurück, werden wir verlegen, wollen das Gesagte am liebsten unausgesprochen machen und vermeiden es, der Person wieder zu begegnen, mit der wir uns gestritten haben. Das zeigt uns, dass wir im Grunde genommen nicht ausfällig werden wollen, der Zorn uns aber immer wieder die Kontrolle über uns selbst verlieren lässt. Zorn ist also für uns ein Feind. In manchen Fällen brauchen wir ein starkes Gegenmittel für unseren Zorn: Wir müssen die gegebene Situation sorgfältig und in Ruhe untersuchen. Effektive Gegenmaßnahmen dürfen wiederum nicht von Zorn geprägt sein, wie auch jede durch Zorn motivierte Handlung ihre Absicht verfehlen wird. Das Gleiche gilt auch für Entscheidungen, die, im Zorn getroffen, später ihre nachteiligen Auswirkungen zeigen. Hass verursacht seelisches Leiden – und unser Feind freut sich womöglich, uns leiden zu sehen. Sind wir dagegen ruhig und gelassen, wird unser Feind keine Befriedigung finden. Werden unsere Urteilskraft und Entscheidungen vom Zorn negativ beeinflusst, treten Folgen ein, deren langfristige negative Auswirkungen sich nicht so schnell absehen lassen. Es mag ironisch klingen, aber einen Feind zu haben ist in gewisser Weise durchaus nützlich, weil wir uns dann in Geduld und Toleranz üben können; dies ist notwendig, wenn wir aufrichtiges Mitgefühl und echte Liebe entwickeln wollen.

Geduld und Toleranz können wir nicht von einem *Guru* oder Freund lernen. Wir können sie nur üben, wenn wir tatsächlich mit jemandem zusammenkommen, der uns unerfreuliche Erfahrungen bereitet. Laut *Shantiveda* sind Feinde wirklich gut für uns, da wir viel von ihnen lernen und unsere innere Stärke aufbauen können. Die Praxis von Liebe und Mitgefühl hat nichts mit Religion zu tun, sondern ist eine Frage des Überlebens. Was die Menschheit in unserer Welt angeht, so glaube ich, dass die Weltwirtschaft einer großen Krise entgegengeht, was wiederum die Frage des Weltfriedens aufwirft. Um was es sich auch immer handeln mag – Mitgefühl, Zuneigung und ein gutes Herz sind von zentraler Bedeutung. In diesem Zusammenhang müssen wir zwischen Mitgefühl und Liebe unterscheiden. Gewöhnlich sind die Menschen in der Liebe ungeduldig, weil diese Liebe oft von gemischten Gefühlen geprägt oder durch eine Art von Besitzanspruch verdorben ist. Die Störung oder Verunreinigung dieser eigentlich edlen Gefühle zeigt sich daran, dass unsere Liebe davon abhängt, wie die andere Person auf uns reagiert. Wenn wir uns zum Beispiel einer Person sehr nahe fühlen, aber zwischen uns und dieser Person geschieht etwas Unangenehmes, ändert sich unsere Haltung schlagartig und unsere Liebe, oder was wir dafür gehalten haben, stirbt. Aber es gibt eine andere Art von Liebe, die echt und aufrichtig ist; wenn man nämlich erkennt, dass der andere Mensch wie wir selbst ist und genau wie wir Glück sucht und kein Leid, und auch den Anspruch erheben darf, Leiden überwinden und Glück erreichen zu können. Auf dieser Grundlage kann man echte Liebe und Zuwendung entwickeln, die auch auf Dauer in privaten Beziehungen nicht vergehen.

Wenn wir von der Wichtigkeit der Liebe und Zuneigung sprechen, dann meinen wir die aufrichtige, echte Liebe, und nicht die Liebe, die von Unwissenheit geprägt ist. Man hört oft, dass es besser sei, seinem Ärger Luft zu machen, als ihn zu unterdrücken. Sicher, es gibt unterschiedliche Ebenen oder Arten des Zorns. Aber das Wichtigste, was es zu erkennen gilt, ist die Schlechtigkeit, das Negative an sich, das im Zorn und Hass liegt. Mit dieser Erkenntnis wird man nicht mehr zornig werden wollen. Wenn es aber in bestimmten Situationen schwer fallen sollte, den Zorn zu unterdrücken, soll man einfach den Gegenstand, auf den sich der Zorn bezieht, ignorieren oder vergessen. Ich nehme meine eigene Erfahrung als Beispiel. Ich stamme aus Amdo, einer Region im Nordosten Tibets. Die Menschen von dort gelten allgemein als cholerisch und jähzornig. Als junger Mensch hatte ich auch diesen Charakterzug. Im Laufe der Zeit erwarb ich mir Techniken, um meinen Geist zu zähmen. Meine Neigung zum Zorn ist seitdem sehr zurückgegangen. In bestimmten Situationen treten Zorn und Ärger auf, verschwinden aber auch wieder schnell. Und ich kann sagen, dass ich kaum Gefühle des Hasses habe.

Übungen und die tägliche Praxis sind es, die in uns eine innere Entwicklung und Veränderung herbeiführen können. Die Möglichkeit dafür ist gegeben. Um Dinge ändern zu können, müssen wir erst uns selbst ändern. Ändern wir uns nicht, wird sich nichts ändern; und dann zu erwarten, dass andere sich ändern, ist ziemlich unrealistisch. Wenn wir uns in der richtigen Richtung bemühen, werden sich letzten Endes Veränderungen einstellen, und wir werden Frieden und Glück ohne weitere Umstände erlangen. Frieden und Glück müssen wir in uns selbst entwickeln. Wie der Buddha sagte: „Du bist dein eigener Herr und Meister. Die eigene Zukunft hängt von dir selbst ab. Niemand sonst kann die Zukunft des eigenen Lebens in die Hand nehmen;

so wie das gegenwärtige Leben nur von den eigenen Schultern getragen werden kann."

Ist es möglich, völlig frei von einem negativen Ego zu sein, oder ist dies nur ein Mythos?

Da Fehler und Schwächen keine dem Geist von vornherein innewohnenden Eigenschaften sind, ist es möglich, diese Fehler und Schwächen zu eliminieren.

Es heißt, wenn wir Geist und Körper wegnehmen, erscheint stilles Bewusstsein. Diese Art von Bewusstsein findet sich in allen empfindenden Wesen. Darin besteht das Wesentliche in dem Erkennen der eigenen Identität. Was ist Ihr Kommentar dazu?

Die Kontinuität des Geistes bleibt erhalten; deshalb ist es nicht möglich, den Geist und den Körper zu eliminieren, um daraufhin Selbstidentität zu erlangen. Wie schon gesagt: Laut den *Mahayana*-Lehren manifestiert sich Weisheit, selbst auf der Stufe der Erleuchtung, der höchsten Erkenntnis, nur im individuellen Selbst.

Bitte erläutern Sie, wie sich die absolute Leerheit der Phänomeme auf Tod und Karma *beziehen lässt.*

Wenn wir von Leerheit sprechen, gleichgültig um welches Phänomen es sich handelt, dann meint Leerheit das Fehlen jeglicher inhärenter, nur aus sich heraus bestehender Existenz in dem jeweiligen Phänomen. Handeln *(Karma)* und Tod sind auch Phänomene, aber keine letzten Wahrheiten. Ihre Natur ist *Shunyata*. *Karma* ist motiviertes Handeln, wobei geistiges und körperliches Handeln mit im Spiel sind.

Eine Handlung zieht immer ein Ergebnis nach sich. Im Buddhismus bedeutet *Karma* auch Handlung, aber mit der Betonung auf den Konsequenzen, die sich langfristig aus den Handlungen ergeben. Wir können zum Beispiel sagen, die von Zorn beeinflusste Handlung ist negativ motiviert. Mit dieser Motivation geht eine aggressive körperliche Handlung einher, und die negative geistige Haltung schafft eine feindliche, unangenehme Atmosphäre. Dies ist eine kurzfristige Folge, aber die Handlung hinterlässt eine Spur im Bewusstsein und im „Ich" und wird durch die Kontinuität des Geistes oder des „Ichs" weitergetragen. Man erlebt die Wirkung der Spur immer dann, wenn die Spur von äußeren Ereignissen wieder aktiviert wird.

Zorn ist eine Wahrheit, er muss zusammen mit dem Glück existieren; warum sollten wir ihn dann kontrollieren?

Wenn man Ärzte darauf anspricht, wird man erfahren, dass man im Leben auf Zorn verzichten kann. Wir werden mehr Freude erleben und höheres Glück erfahren, wenn wir versuchen, den Zorn zu mindern. Die eigentliche Frage müsste lauten, ob Zorn gemindert werden *kann* oder nicht.

Ich verstehe nicht, wieso Leidenschaften Leiden verursachen sollen; ich beziehe Kraft aus meinen Leidenschaften, vor allem wenn ich in Bedrängnis gerate.

Leidenschaft als ein Grund für Leiden hat ihren Bezug zur dritten Art von Leiden: durchdringendes und zusammengesetztes Leiden. Zorn ist unmittelbar mit diesem Leiden verbunden; es gehört zu der ersten Art von Leiden, während Leidenschaften die Leiden der zweiten und dritten Art hervorrufen. Unser Körper existiert aufgrund von Leidenschaften. Man sieht also, dass durch Leidenschaften und Zorn die unterschiedlichen Arten von Leiden zustande kommen; somit ist Leidenschaft sogar eine Grundlage für Zorn.

Nennen Sie bitte eine einfache Technik, um Zorn zu mindern.

Eine analytische Meditation über die wirklichen Nachteile des Zorns ist hilfreich. Zorn zerstört den geistigen Frieden und schafft weitere neue Probleme. Beim Blick auf die Weltgeschichte kann man unschwer erkennen, dass alle Zerstörung, menschliches Elend und Leiden hauptsächlich durch Hass und Zorn herbeigeführt werden. Die Zeugnisse über das Gute drehen sich um Altruismus und Uneigennutz. Dadurch muss man einfach zu dem Schluss kommen, dass Zorn in der Tat ohne Wert, Sinn und Zweck ist. Wenn man die Theorie von Wiedergeburt und *Karma* (Ursache und Wirkung) akzeptiert, können auch andere Methoden angewandt werden, um Zorn einzudämmen. Familienprobleme werden zumeist durch zornige Gefühle und Ausbrüche hervorgerufen. So kann man auch von den Erfahrungen anderer lernen.

Wenn die Umwelt verschmutzt ist, kann man einen reinen Zustand des Geistes schaffen?

Es besteht eine eindeutige Beziehung zwischen der äußeren Umwelt und dem Geist. Wegen der Umweltverschmutzung kann das Gehirn nicht gut und einwandfrei funktionieren; es stellt sich eine Art Mattigkeit und Trägheit ein. Aber es ist nicht unmöglich, einen reinen Geist selbst in einer verdorbenen Umwelt zu haben.

Was ist Leerheit?

Leerheit ist Leerheit; die Antwort fällt nicht leicht. Man muss sich näher und intensiver mit dieser Frage beschäftigen. Man benötigt Monate und Jahre, bevor man zu einem Verständnis der Bedeutung von Leerheit gelangen kann.

1988

Schlusswort

von Lama Thubten Zopa Rinpoche

Im Jahre 1976 beschloss mein hochgeschätzter Lehrer, der verstorbene Thubten Yeshe (1935–84) – der gütiger und liebenswürdiger als alle vergangenen und zukünftigen Buddhas war –, ein buddhistisches Zentrum in Delhi zu gründen, und zwar als Zeichen des Dankes dafür, dass das indische Volk Tibet den *Dharma* geschenkt hat.

Der Guru Shakyamuni Buddha, der Begründer des *Dharma*, wurde in Nordindien (dem heutigen Lumbini in Nepal) vor ungefähr 2500 Jahren geboren. Sein Vater war König des mächtigen *Shakya*-Stammes. Aber im Alter von neunundzwanzig Jahren verzichtete sein Sohn und Thronerbe Prinz Siddharta Gautama auf das ihm zustehende Königreich. Er war von dem Wunsch beseelt, den tiefen Grund allen Leidens zu erkennen und herauszufinden, wie dieses Leiden – wenn überhaupt – überwunden werden könnte; also verließ er den Palast, um sich auf die Suche nach dem wahren Wesen aller Existenz zu begeben. Nach sechsjährigem Studium bei vielen großen Hindu-Lehrern und unzähligen strengen Askeseübungen – die ihn fast an Unterernährung sterben ließen – entschied sich Prinz Siddharta Gautama, dem mittleren Pfad zwischen den Extremen der Maßlosigkeit seines vormaligen Palastlebens einerseits und der schmerzvollen Selbstkontrolle seiner jüngsten Exerzitien andererseits zu folgen. Er ließ sich unter dem *Bodhi*-Baum (in dem heutigen Bodh Gaya im Bundesstaat Bihar) nieder und meditierte in selbstgewählter Einsamkeit, bis er sein eigentliches Ziel klar vor Augen hatte: eine vollständige, umfassende, bis dahin noch nicht erreichte höchste Erkenntnis und Erleuchtung. Auf diese Weise wurde er der große Shakyamuni Buddha, der erleuchtete Weise des *Shakya*-Stammes.

Während der folgenden vierundfünfzig Jahre führte er ein durch Heimatlosigkeit und Entsagung geprägtes Leben, indem er von Palast zu Palast wanderte und fast jeden Sommer in seinem Refugium verbrachte. Seine erste öffentliche Lehre trug er in Sarnath vor, etwa sieben Wochen nach seiner Erleuchtung. Hier hielt er seine berühmte Rede über die *Vier Edlen Wahrheiten*, in der er erläuterte, dass die innere Natur weltlichen Lebens in Leiden besteht, dieses Leiden seinen Grund hat, es sich aber auch völlig auflösen lässt, und dass es einen Weg gibt, diesem Leiden ein Ende zu setzen. Wo immer er hinkam, unterwies er alle, die für dieses notwendige Wissen empfänglich waren, und passte sich dabei in seinem Vortrag ihrem jeweiligen geistigen Vermögen entsprechend an. Über seine ganze Lebensspanne hinweg, ohne dabei jedoch einem bestimmten Ordnungsrahmen zu folgen, vermittelte der Buddha vielen Menschen tiefe Erkenntnisse und umfassendes Wissen. Schließlich, im Alter von achtzig Jahren, verstarb er in Kushinagar. Seine letzten Worte besagten, dass alle äußeren Erscheinungen selbst bedingt, illusionär und nur von vorübergehender Dauer sind, dass wir uns von Dingen nicht abhängig machen, sondern uns stattdessen ernsthaft bemühen und anstrengen sollen, das Böse zu vermeiden, nur Gutes zu tun und unseren Geist zu läutern. Darin bestand im Wesentlichen die Lehre Buddhas.

Während des nächsten Jahrtausends erlebte der Buddhismus – d.h. der *Dharma*, die Lehren Buddhas – zunächst in Indien seine große Blüte und verbreitete sich weiter nach Sri Lanka, Pakistan, Afghanistan, Burma, Nepal, Thailand und anderen südostasiatischen Ländern, und dann weiter nach China, Korea und Japan. Allgemein lässt sich sagen, dass sich im Buddhismus zwei Schulen oder Hauptrichtungen herausbildeten. Der grundsätzliche Unterschied zwischen den beiden ist eher durch die Motivation desjenigen bestimmt, der den Buddhismus praktiziert, als durch die Struktur oder den Rahmen der Schulen selbst. Dabei hat sich der *Hinayana*-Buddhismus in den südlichen Ländern etabliert, während der *Mahayana* sich zum Norden hin ausdehnte.

Anfang des 7. Jahrhunderts n. Chr. heiratete Songtsen Gampo (617–650), der König von Tibet, zwei buddhistische Prinzessinnen, die eine aus Nepal, die andere aus China. Ihrem Einfluss war es zu verdanken, dass der König Buddhist wurde und den Keim für den Buddhismus in Tibet legte; er ließ mehrere Tempel bauen und sandte einen seiner Minister, Thönmi Sambhota, nach Indien, um dort die buddhistischen Lehren in Schriftform festzuhalten, damit dann diese in Sanskrit verfassten Texte in das Tibetische übersetzt werden konnten. Rund hundert Jahre später lud einer seiner Nachfolger, Trisong Detsen (742–797), die großen Lehrer Shantarakshita und Padmasambhava nach Tibet ein. Trotz einiger Höhen und Tiefen breitete sich der Buddhismus in ganz Tibet aus. Zu Beginn des 11. Jahrhunderts war jedoch der tibetische Buddhismus ernsthaft im Niedergang begriffen, wobei unhaltbare und irreführende Lehren aufkamen und sich überall falsche Meditationspraktiken durchsetzten. Von all dem zutiefst erschüttert bat König Lhalama Yeshe Ö aus dem im westlichsten Teil Tibets gelegenen Gu-ge den Gelehrten und Heiligen Atisha (982–1054), nach Tibet zu kommen, um dort den reinen unverfälschten *Dharma* wieder neu in das „Land des Schnees" einzuführen.

Wie der Guru Shakyamuni Buddha, so war auch Atisha in eine königliche Familie hineingeboren worden, verzichtete jedoch ebenfalls zugunsten eines spirituell ausgerichteten Lebens auf sein Königreich in Bengalen. In den frühen Jahren und als junger Erwachsener studierte und praktizierte er intensiv und umfassend *Sutra* und *Tantra*, und kurz vor Vollendung seines dreißigsten Lebensjahrs wurde er zum Mönch geweiht und erhielt den Namen Dipamkrara Srijnana. Sein Entschluss, die höchstmögliche Erleuchtung erlangen zu wollen, war durch nichts zu erschüttern, und viele seiner Erfahrungen machten ihm deutlich, wie entscheidend die Entwicklung von *Bodhicitta* für diese Erleuchtung war. Er fand, dass der größte *Bodhicitta*-Lehrer seiner Zeit der berühmte Guru Suvarnadvipi war, der wahrscheinlich in dem heutigen Sumatra lebte. Atisha unternahm eine für die damalige Zeit äußerst gefährliche und mühsame, dreizehn Monate dauernde Reise über den Ozean, um unter der Leitung dieses großen Lehrers zu studieren. Zwölf Jahre verbrachte er bei ihm, erfüllt von Studium, Übungen und Exerzitien, bis er *Bodhicitta* entwickelte. Anschließend kehrte er nach Indien zurück und fand seinen bleibenden Wohnsitz zuletzt in der großen Mönchsuniversität Vikramashila in Magadha. Dort trafen Lhalama Yeshe Ös Botschafter auf Atisha und baten ihn, mit ihnen nach Tibet zu kommen.

Da Atisha einer der größten Gelehrten in Indien war, zögerte der Abt von Vikramashila zunächst, ihn ziehen zu lassen, stimmte aber nach einiger Zeit seinem Weggang für einen Zeitraum von drei Jahren zu. Zu diesem Zeitpunkt war jedoch König Lhalama Yeshe Ö verstorben und sein Neffe Jangchub Ö inzwischen König geworden. Als Atisha eintraf, erklärte Jangchub Ö, wie sehr sich der *Dharma* in Tibet im Verfall befand. Er bat Atisha eindringlich, neben einigen leicht verständlichen und anwendbaren *Dharma*-Lehren, die dabei aber zugleich die gesamte Lehre Buddhas, des Großen Erleuchteten, umfassten, nicht so sehr die tiefsinnigsten und erstaunlichsten Ideen vorzutragen, als vielmehr auf das fundamentale Gesetz von Ursache und Wirkung einzugehen.

Atisha kam dieser Bitte nach und schrieb einen kurzen, dreiseitigen Text mit dem Titel *Begleitung und Leitfaden für den Weg zur Erleuchtung*, der die Sutra- und Tantra-Lehren des Buddha klar darstellte, so dass bald danach die von Irrtümern durchsetzten Lehren völlig verschwanden, die Tibet bis dahin geplagt hatten, und der reine *Dharma* überall Fuß fassen konnte. Dies bedeutete nicht nur für das Volk von Tibet, sondern für die Menschheit insgesamt ein großes Glück. Während dieser Zeit sah sich der Buddhismus in Indien zerstörerischen Kräften ausgesetzt, die, von außen kommend, sich im ganzen Westen ausgedehnt hatten, Klöster dem Erdboden gleichmachten, Mönche töteten und Texte verbrannten. Der *Dharma* erholte sich niemals von diesem Schlag und verschwand während der nächsten tausend Jahre vollkommen aus Indien, dem Land seines Ursprungs. Es war der vollständig erhaltene *Mahayana*-Buddhismus, der glücklicherweise nach Tibet gerettet worden war, womit dessen Fortbestand für die gesamte kommende Menschheit gesichert wurde.

Der kurze, von Atisha verfasste Text war der erste einer ganzen Reihe von Lehrschriften, die später in ihrer Gesamtheit auf tibetisch *Lam-rim* oder „die Stufen des Pfades zur

Erleuchtung" genannt wurden. Die *Lam-rim*-Lehren enthalten nichts, was nicht vom Buddha selbst gelehrt worden war. Man könnte auch sagen, dass diese Texte einfach eine Zusammenstellung all dessen darstellen, was Buddha über einen Zeitraum von fünfundvierzig Jahren gelehrt hatte, und zwar in einem nunmehr geschlossenen und systematisch-stimmigen Rahmen, der jedem Einzelnen klar und deutlich vor Auge führte, wie er oder sie dem Pfad folgen soll. *Lam-rim* ist einer Straßenkarte vergleichbar, die den Weg zur vollen Erleuchtung in der Buddhaschaft weist. Die Anhänger und Nachfolger Atishas entwickelten diese einzigartige Darstellung immer weiter und modifizierten sie, so dass die *Lam-rim*-Lehren die Grundlage für die meisten tibetischen Buddhismus-Schulen bzw. Ausrichtungen wurden, die sich im Laufe der Jahrhunderte herausbildeten. Die aus dem *Lam-rim*-Buddhismus hervorgegangene Schule wurde als *Kadam*-Tradition bekannt.

Atisha führte nicht nur den *Lam-rim* ein, sondern auch die unmittelbar aus den Lehren Buddhas abgeleiteten Weisheiten und Methoden. Shakyamuni Buddha gab seine Weisheitslehren an Manjushri weiter, der sie wiederum an den über allen stehenden indischen Gelehrten und Philosophen (Yogi) Nagarjuna weiterleitete, von dem die Lehren im Laufe der folgenden Jahrhunderte weiter an Aryadeva, Chandrakirti und viele andere große Gelehrte weitergingen, bis sie zuletzt zu Atisha gelangten. Die Lehrmethoden wurden an Maitreya vermittelt, der sie an viele Lehrer und Pädagogen weitergab wie Asanga, Vasubandhu und Suvarnadvipi, und sie schließlich ebenfalls von Atisha aufgenommen wurden. So waren die Lehren, die Atisha nach Tibet gebracht hatte, nicht nur die reinen Lehren Buddhas, sondern sie waren auch durch eine ununterbrochene Traditionskette vermittelt worden, die bis auf den Guru Shakyamuni selbst zurückgeführt werden konnten. Diese unverfälscht gebliebene mündliche Tradition wurde in Tibet aufrecht erhalten und besteht heute immer noch im Bewusstsein großer Lamas wie in Seiner Heiligkeit, dem Dalai Lama.

Im 15. Jahrhundert hatte Tibet in Lama Tsong Khapa (1357-1419) einen großartigen Lehrer. Unter dem starken Einfluss der *Kadampas* und nach Studien bei berühmten Meistern der drei damaligen Haupttraditionen - *Nyingma, Kagyu* und *Sakya* - begründete Lama Tsong Khapa eine neue Tradition, nämlich *Gelug*, die bald zur maßgeblichen Schule des Buddhismus in Tibet wurde. Zu dieser Schule ließe sich auch der Dalai Lama zählen, und sie ist auch diejenige, der wir am Tushita Mahayana-Meditationszentrum folgen.

Wie zuvor bereits erwähnt, gibt es zwei Hauptströmungen des Buddhismus, nämlich *Hinayana* und *Mahayana*. Die letztere Richtung ist wiederum zweigeteilt: in *Paramitayana* und *Vajrayana*, jeweils auch bekannt als *Sutrayana* und *Tantrayana*. Ich habe bereits darauf hingewiesen, dass der Unterschied zwischen *Hinayana* und *Mahayana* in der Motivation oder Einstellung desjenigen liegt, der Anhänger der einen oder anderen Ausrichtung ist. Dies kann durch ein Zitat seiner Heiligkeit, des Dalai Lama, wiedergegeben werden: „Die Ausübung des Buddhismus kann in zwei kurzen Sätzen zusammengefasst werden: ‚Wenn du anderen schon nicht helfen kannst, so sollst du ihnen zumindest keinen Schaden zufügen oder sie anderweitig gefährden'." Hierin spiegelt sich die Motivation oder Intention wider, durch die sich die beiden Hauptströmungen des Buddhismus voneinander unterscheiden. Ideal wäre es, wenn diejenigen, die den Buddhismus praktizieren, mit ihren Handlungen auf höchstmögliche Weise anderen helfen würden, was letzten Endes nichts anderes heißt, als diese zur Erleuchtung zu führen. Darin besteht nämlich die *Mahayana*-Motivation: um aller anderer willen selbst nach höchster Erkenntnis zu streben. Die Bezeichnung für diese Geisteshaltung höchster Selbstlosigkeit ist *Bodhicitta*, und Atishas gefährliche Reise sowie seine vielen Jahre entbehrungsreicher Übungen, um *Bodhicitta* zu finden und zu verwirklichen, unterstreichen nur die Wichtigkeit dieser Haltung. Jene, die solch weitreichende Motivation und innere Kraft nicht aufbringen können, sind dazu angehalten, anderen zumindest keinen Schaden zuzufügen, was genau die Grundlage der *Hinayana*-Praxis ist: dem Weg von *Ahimsa* (Gewaltlosigkeit) zu folgen und nach individueller Befreiung von Leiden - d.h. nach *Moksha* oder *Nirvana* - zu streben. Es soll aber noch darauf hingewiesen werden, dass diese maßgebenden Praktiken letztlich auch die Grundlage für beide *Mahayana*-Teile darstellen.

Da sowohl *Sutrayana* als auch *Tantrayana* Teile der *Mahayana*-Schulen sind, gilt für die Anhänger beider Richtungen gleichermaßen dasselbe Ziel: *Bodhicitta*, das Erreichen bzw. die Verwirklichung der Erleuchtung zu dem alleinigen Zweck, alle anderen daraufhin erleuchten zu können. Der Unterschied zwischen den zwei *Mahayana*-Schulen liegt in der Zügigkeit, mit der das Ziel erreicht werden kann. Diejenigen, die dem *Sutra*-Weg folgen, benötigen vielleicht kaum zu zählende Zeitalter, um in den Zustand der Erleuchtung zu gelangen. Wendet man die besonderen, tief gehenden und nachhaltigen *Tantra*-Techniken an, kann dies in ein paar Jahren oder einigen wenigen Lebenszyklen geschehen. Alle diese buddhistischen Traditionen - *Hinayana*, *Sutrayana* und *Tantrayana* - besaßen ihren Ursprung in Indien und wurden dann nach Tibet mit seinem einzigartigen, von Einflüssen der übrigen Welt freien und dadurch sehr förderlichen spirituellen Klima gebracht, wo man sie in dem ihnen eigenen Wesen erhalten, intensiv praktizieren und zur vollen Reife weiterentwickeln konnte.

Alles änderte sich natürlich schlagartig, nachdem die chinesischen Kommunisten bald nach ihrer Machtergreifung 1949 Tibet zu besetzen begannen, und erreichte einen kritischen Höhepunkt 1959, als das tibetische Volk sich gegen seine Unterdrücker erhob, aber erbarmungslos und mit voller Härte niedergeworfen wurde. Seine Heiligkeit, der Dalai Lama, seine Familie und viele seiner Lehrer flohen vor der mörderischen Raserei der Volksbefreiungsarmee nach Indien, zusammen mit rund 100 000 anderen Tibetern. Ich selbst - obwohl ich in Nepal geboren war und in einem Kloster in Südtibet studierte - war an diesem Exodus beteiligt. Die Gewährung eines sicheren Zufluchtsorts vor der Verfolgung und dem nahezu sicheren gewaltsamen Tod war ein weiterer großer Akt der Güte Indiens gegenüber dem tibetischen Volk.

Diese Hilfe war so entscheidend, dass Lama Yeshe das Bedürfnis hatte, diese großzügige Tat mit etwas Besonderem zu entgelten; und was lag näher, als dabei zu helfen, den wertvollen *Dharma* in dem Land seines Ursprungs wieder zu etablieren und aufblühen zu lassen. Der Lama schlug die Einrichtung eines Zentrums für Studium und Praxis des Buddhismus vor. Der von ihm schließlich gewählte Name lautete Tushita Mahayana-Meditationszentrum. Ein Refugium mit dem Namen Tushita besaß er schon in Dharamsala, der Heimstatt für Seine Heiligkeit und die tibetische Exilregierung. Tushita ist der Sanskrit-Name für „das reine Land“, über das Maitreya, der kommende Buddha, herrscht, der auf der Erde erscheinen wird, um den *Dharma* wieder einzuführen, wenn einmal die Ära des Guru Shakyamuni Buddha und seiner Lehren verstrichen ist. Das entsprechende tibetische Wort (für Tushita) ist „Ganden", nach dem eines der ersten aus der großen Anzahl späterer Klöster benannt wurde, die der Lama Tsong Khapa und seine Anhänger in Tibet gründen ließen; es bedeutet „Land der Freude und des Glücks".

Nach einer zweijährigen Suche und unterstützt von seinen indischen Schülern fand der Lama ein prächtiges Haus in Shantiniketan, einem Vorort Delhis, das dem Zweck eines Zentrums in hervorragender Weise diente. Kurz danach begann das Zentrum, tägliche Morgen- und Abendmeditationen und zahlreiche Unterweisungen durch einige der großen, im Exil lebenden tibetischen Lamas anzubieten, wie zum Beispiel der Hauptlehrer seiner Heiligkeit, Kyabje Ling Rinpoche (1903–1983), und der Lehrer Kyabje Trijang Rinpoche (1901–1981), und daneben Tsenshab Serkong Rinpoche (1914–1983), Song Rinpoche (1905–1983), Geseh Sopa Rinpoche und Geseh Rabten Rinpoche. Der damals in Delhi lebende Lama Gelek Rinpoche war auch regelmäßig als Lehrer tätig. Viele indische Gelehrte und westliche Anhänger des Buddhismus lehrten ebenfalls am Tushita-Zentrum, und etliche dieser Lehrsitzungen und Vorträge wurden vom Zentrum 1981 in einem Buch mit dem Titel *Teachings at Tushita* veröffentlicht. Das Zentrum diente außerdem als Gästehaus für buddhistische Pilger aus der ganzen Welt, und auch Lama Yeshe, der selbstverständlich gleichfalls am Zentrum lehrte, hielt sich gerne dort auf, wann immer er nach Delhi kam.

Auf Bitten seiner vielen internationalen Schüler bereiste Lama Yeshe, der seinen Hauptsitz im Kopan-Kloster in

Kathmandu, Nepal, hatte, seit 1974 einmal im Jahr die Welt, um zu lehren, Menschen in die buddhistische Lehre einzuführen und *Dharma*-Zentren in vielen Ländern zu gründen, so in den USA, Australien, Neuseeland, England, Italien und Frankreich. Im Jahre 1975 rief der Lama eine Organisation ins Leben, die *Stiftung zur Bewahrung der Mahayana-Tradition* (Foundation for the Preservation of the Mahayana Tradition - FPMT) genannt wurde und die die Entwicklung eines *Dharma*-Netzwerkes ermöglichen sollte, damit ausschließlich die unverfälschten Lehren des Buddha an diesen Zentren gelehrt werden würden. Tushita wurde ein Teil dieses Verbundes von Lehr- und Meditationszentren, Klöstern, Verlagen und anderen Unternehmungen, die heute weltweit in über zwanzig Ländern mehr als 110 zählen. Diese Aktivitäten schließen zahlreiche Projekte ein, wie zum Beispiel ein Projekt zur Bekämpfung von Lepra in Bodh Gaya, dem Ort, an dem die Erleuchtung Buddhas stattfand, eine Schule und ein Heim für Mittellose sowie den Bau einer 160 Meter hohen Statue, die Maitreya Buddha darstellt.

Lama Yeshe bat 1981 Seine Heiligkeit Tenzin Gyatso, den vierzehnten Dalai Lama von Tibet, am Tushita-Zentrum zu unterrichten. Die Abstammung des Dalai Lama geht bis auf die Zeit des Lama Tsong Khapa zurück, dessen Neffe und Schüler, Gendun Drub (1391-1474), der erste Dalai Lama wurde (obwohl er zu seinen Lebzeiten als solcher nicht anerkannt worden war). Es war der hochangesehene fünfte Dalai Lama, Gyalwa Ngawang Losang Gyatso (1617-1682), der Tibet unter der *Gelugpa*-Herrschaft vereinte und den Potala Palast bauen ließ, das Winterquartier des Dalai Lama und Sitz der tibetischen Regierung vom 17. Jahrhundert bis 1959 - dieser Palast ist der Inbegriff Tibets und als sein bleibendes Bild weltberühmt geworden. Der Vorgänger Seiner

Heiligkeit, Gyalwa Thubten Gyatso (1876–1933), wurde als der „Große Dreizehnte" bekannt aufgrund seiner weisen und umsichtigen Führung Tibets während der tiefgreifenden weltumspannenden Veränderungen und Umwälzungen zu Beginn des 20. Jahrhunderts.

Die Dalai Lamas werden gemeinhin als die Inkarnation von Avalokiteshvara angesehen, dem Buddha des Mitgefühls und der Anteilnahme, und es ist ein großer Segen, in ihrer Gegenwart und Nähe sein zu dürfen; von der Möglichkeit, Lehren und Ratschläge direkt von ihnen aufnehmen zu können, einmal ganz zu schweigen. Deshalb dachte Lama Yeshe, dass es für die Menschen in Delhi wunderbar sein würde, wenn sie die Lehren von Seiner Heiligkeit empfangen könnten. Also bat Lama Yeshe ihn, im Herbst 1981 bei einer vom Tushita-Zentrum mitorganisierten Veranstaltung, den *Dharma*-Feiern, Vorträge zu halten. Seine Heiligkeit nahm die Einladung dankend an, und so wurde mit einer Veranstaltung im Ashoka-Hotel in Neu-Delhi, an der mehr als 400 Personen, größtenteils aus Delhi, teilnahmen, die Tradition der „Tushita Dharma-Feiern" geboren. Wenn heute Seine Heiligkeit seine Lehren während der Dharma-Feiern in Neu-Delhi vorträgt, drängen sich in den Hörsälen und Hallen weit über zwei- oder dreitausend Zuhörer.

Tragischerweise verstarb Lama Yeshe 1984. Rund ein Jahr darauf lief der Pachtvertrag für das Gebäude in Shantiniketan aus, und das Tushita-Zentrum zog nach Nizamuddin East um. Danach musste es alle zwei Jahre immer wieder seine Adresse ändern, hat aber nun seine feste Bleibe in Padmini Enclave, Hauz Khas in Neu-Delhi gefunden.

In den Lam-rim-Lehren ist das Wesen des tibetischen Buddhismus enthalten, sozuagen das Herz von *Vajrayana*, und sie bilden somit den Kernbestand der am Tushita-Zentrum durchgeführten Lehren. In ihrem Grundverständnis gehen sie davon aus, dass der Geist, oder das Bewusstsein eines jeden Einzelnen weder Anfang noch Ende besitzt, und dass seit dieser anfangslosen Zeit der Geist in jedem empfindenden Wesen durch Unwissenheit, emotionale Abhängigkeit, Bindung an materielle Dinge und Abneigung gegen Mitmenschen „verunreinigt, befleckt und verdorben" worden ist. Der Einfluss dieser negativen Gedanken bringt uns dazu, ein unheilsames *Karma* zu schaffen, dessen Auswirkung sich in Leidenserfahrungen zeigen, wie der Wiedergeburt in unglückliche Verhältnisse hinein, in Schmerz und Krankheit und all den anderen Missgeschicken und Schicksalsschlägen, von denen wir und andere heimgesucht werden. Obwohl sie schon immer gegenwärtig waren und auch jetzt sind, so müssen diese negativen Gedanken nicht beständig Teil unseres Geistes bleiben. Durch die entsprechenden und richtigen Mittel können sie sogar vollständig ausgemerzt werden, und der Geist kann dabei sein grundlegendes klares Wesen offenbaren und den Menschen von seinem Leiden für immer befreien.

Was sind nun diese angemessenen und richtigen Mittel? Sie schließen das Befolgen der *Lam-rim*-Lehren mit ein, die, wenn richtig angewandt, eine Verwandlung des Geistes und Bewusstseins bewirken. Man kann sich dies verdeutlichen, wenn man in der Ich-Person über die Schlüssellehren des „Weges zur Erleuchtung", dem *Nirvana*, folgendermaßen nachdenkt: „Seit der anfangslosen Zeit, in allen meinen unzähligen zuvor gelebten Lebens(kreisläufen), sterbe ich und werde ich wiedergeboren in *Samsara*, den sechs Leidenswelten der zyklischen Existenz, also dem Daseinskreislauf. Diesmal, endlich, habe ich eine vollkommene menschliche Wiedergeburt erfahren, die acht Freiheiten und sechs

Reichtümer in sich trägt. Somit bietet sich mir eine bisher unvergleichliche Möglichkeit, nach sinnvollen Zielen zu streben, die Erleuchtung um aller anderen Wesen willen zu erreichen, mich von dem anfangslosen Kreislauf des Leidens oder zumindest zukünftiger Lebensläufe in *Samsara* zu befreien. Wenn ich jedoch erneut meine Zeit vergeude, indem ich mich nur den Annehmlichkeiten dieses Lebens verschreibe, werde ich diese unschätzbare Gelegenheit völlig verspielen. Dieses wertvolle Leben war nicht leicht zu erhalten. Es entwickelte sich unter anderem aus meinem Befolgen des *Dharma* in meinen vorherigen Leben, dem Einhalten einer reinen Moral, dem Gewähren von Großmut und Großzügigkeit und dem Beten zum Wohle aller. Nochmals diese Chance zu erhalten kann ich nicht erwarten. Also darf ich diesen seltenen Glücksfall nicht aufs Spiel setzen, sondern muss daraus für mich und andere entsprechenden Nutzen ziehen.

Darüber hinaus ist dieses Leben äußerst kurz. Es ist mir bestimmt, dass ich sterben muss, ich selbst aber kann nicht wissen, wann mein Tod kommen wird. Mein Leben geht unaufhörlich, ohne innezuhalten, seinem Ende zu, schneller als ich mir vorstellen kann. Und wenn ich dann sterbe, wird nur der *Dharma* mir helfen, den ich praktiziert habe. Alle jene Dinge, für die ich gearbeitet habe - Macht, soziale Position und Reichtümer - werden es mir erschweren, in ein besseres zukünftiges Leben hineingeboren zu werden. Deshalb muss ich den *Dharma* praktizieren, und zwar ohne großes Zögern.

Wenn ich nicht den *Dharma* anwende, sondern dagegen einfach weiterhin schlechtes *Karma* erzeuge, anstatt das von mir zuvor in meinen früheren Leben geschaffene schlechte *Karma* zu reinigen, werde ich in ein Leben der niedrigeren

Stufen geboren - die Stufe der Hölle, eines umhergetriebenen Geistes oder der Tiere - von der freizukommen oder sich loszulösen fast unmöglich ist, wo ich aber andauerndes, unerträgliches Leid erfahren werde. Sollte ich in einem der nächsten Momente sterben - und was spricht dagegen, dass dies nicht auch tatsächlich geschehen könnte -, würde ich mich sicherlich in einem dieser furchtbaren Leben wiederfinden.

Wer kann mich in dieser Zeit höchster Not führen? Die drei Juwelen - Buddha, *Dharma* und *Sangha* - bilden meine einzige Hoffnung. Aus diesem Grunde muss ich, aus Furcht vor den Leiden in den drei niederen Welten, aber umgekehrt auch voller Vertrauen auf ihre Fähigkeit, mich zu leiten, bei diesen drei Juwelen Zuflucht suchen. Wie schützen sie mich? Indem sie mir den Weg zum Leben ohne Schmerz und Leiden weisen, wobei es aber an mir liegt, diesen mir gezeigten Weg auch wirklich zu beschreiten. Das Wesentliche besteht darin, das Gesetz des *Karma* zu befolgen.

Karma ist eindeutig bestimmt: positives *Karma* führt zu Glückseligkeit; negatives *Karma* erzeugt Leiden. Somit muss ich ausschließlich positives *Karma* schaffen und unbedingt negatives *Karma* vermeiden. Folge ich in meinem Leben diesem Grundsatz, kann ich zumindest in das Leben höherer Stufen geboren werden.

Aber die Geburt auf höherer Ebene reicht nicht, denn als Mensch weiß ich aufgrund meiner gegenwärtigen Erfahrungen, dass sogar die höheren Lebensstufen nicht frei von Leiden sind: Krankheit, seelische und körperliche Verletzungen, Altern und Tod; Scheitern an meinen Wünschen und Zielen, Verlust von Besitz und Bedrängnis durch ungünstige Lebensumstände. Überhaupt ist in Samsara zu sein selbst schon Leiden, weil ich nämlich immer durch das eine oder andere Elend befallen werden kann, ohne dabei aber wissen zu können, wann dies geschieht. Daher muss ich mich vollständig aus dem durch nichts zu kontrollierenden Kreislauf von Tod und Wiedergeburt befreien und auf diese Weise immerwährenden Frieden und Glückseligkeit im *Nirvana* erlangen.

Aber auch das genügt noch nicht; denn an diesem eigenen persönlichen Frieden zu hängen oder sich ausschließlich für diesen einzusetzen, ist in sich schon sehr selbstsüchtig. Alle wollen Glück finden und Leiden vermeiden. In dieser Hinsicht stehe ich mit allen anderen auf derselben Stufe. Dazu kommt jedoch, dass ich nur ein Einzelner bin, wohingegen die anderen unendlich viele sind; deren Glück also weit wichtiger ist als das meinige. Ebenso hängt mein vergangenes, gegenwärtiges und zukünftiges Glücklichsein - vom kleinsten Moment der Freude, wie die kühle Brise an einem heißen Tag bis zum nie aufhörenden Glücksgefühl der Erleuchtung - direkt oder indirekt mit anderen Wesen zusammen. Und nicht nur das, sondern jedes einzelne empfindende Wesen ist bei unzähligen Gelegenheiten und Anlässen gleichsam meine Mutter gewesen und hat mir dabei jedes Mal mütterliche Liebe erwiesen. Nicht nur aus diesem Grund muss ich diese Liebe auf höchstmögliche Weise dankend vergelten: indem ich nämlich alle empfindenden Wesen zur höchsten Erleuchtung, zur Buddhaschaft führe.

Jedoch kann ich zur Zeit kaum selbst das Leiden von mir fernhalten. Es ist schon schwierig genug, anderen zum gewöhnlichen Glück zu verhelfen, um wieviel schwieriger ist es also, sie zur Erleuchtung zu führen. Nur ein erleuchtetes Wesen kann andere zur Buddhaschaft leiten; also muss ich, will ich die Güte anderer entgelten und sie zur Erleuchtung führen, erst einmal selbst erleuchtet werden. Um dieses Ziel zu verwirklichen, brauche ich einen voll ausgebildeten und befähigten Lehrer, um dann mit dessen Hilfe und auf der Grundlage der Lehren Buddhas zu studieren, nachzudenken und zu meditieren. Dies ist die sinnvollste Weise, mein Leben zu leben; und deshalb werde ich dies in Angriff nehmen."

Seine Heiligkeit, der Dalai Lama, ist der vollkommene Lehrer, die große Quelle eines unendlichen Mitgefühls, das alle empfindenden Wesen einschließt, unsere einzige Hoffnung für Wohltat und Glück, unsere einzige Zuflucht. Seine Heiligkeit ist liebenswürdiger und gutherziger als die Buddhas der drei Zeiten. Daher bedeutet schon allein die Lehren Seiner Heiligkeit in unseren Händen zu halten einen Segen; um wieviel bedeutender ist es, seine Worte lesen, deren Sinn überdenken und auf ihrer Grundlage meditieren zu können, um dann ihre letzte Wahrheit und Weisheit klar zu erkennen?

Mögen seine Lehren allen von Nutzen und für sie Grund und Anlass sein, Erleuchtung erlangen zu wollen. Möge jeder, der dieses Buch in Händen hält oder über seinen Inhalt nachdenkt, niemals in niedere Sphären wiedergeboren werden. Mögen alle falschen Interpretationen dieser Lehre sofort verstummen. Mögen alle Inder unerschütterliches Vertrauen in das *Karma* haben; mögen sie sich dem Buddhismus zuwenden und den Weg zur Erleuchtung, insbesondere zu *Bodhicitta*, genau in ihrem jetzigen Leben wieder einschlagen. Mögen sie sich angespornt fühlen, den *Dharma* zu lernen und zu verbreiten. Vor allem aber sollen alle falschen Sichtweisen ohne Verzögerung zum Schweigen gebracht werden. Mögen alle Inder den Willen haben, die Lehren des Buddhismus aufzunehmen und sich erleuchten zu lassen, und mögen sie den Buddhismus ausüben und den gesamten Weg auch tatsächlich durchschreiten.

Meine Erfahrungen mit den Menschen in Indien, besonders in Delhi, veranlassen mich nochmals zu betonen, wie wichtig es ist, ganz ernsthaft die Qualität des eigenen Lebens zu überdenken und sich immer wieder damit auseinander zu setzen, sein Inneres zu untersuchen und die eigene Geisteshaltung zu überprüfen. Bist du mit der Weise, wie du dein Leben jetzt zur Zeit führst, tatsächlich glücklich? Ist es wirklich befriedigend und erfüllend? Es ist wichtig und grundlegend, dass du dich selbst leiten und führen, dich selbst befreien kannst.

Wir können über die Unterschiede zwischen den Philosophien im Osten und Westen diskutieren; über die verschiedenen Religionen und den damit verbundenen Aspekten debattieren: den Buddhismus, die *Bhagavad Gita*, die Bibel, den Koran ... wir können alle diese religiösen Texte lesen. Wir können über diese Philosophien unser ganzes Leben lang reden und reden und reden – und dennoch nichts in unseren Herzen entwickelt haben. Unsere Herzen bleiben leer, und wir sind nicht zum Wesentlichen in unseren Leben vorgedrungen. Im Gegenteil, es ist nur noch schlimmer geworden, unsere Gehirne werden wie ein Computer mit Worten angefüllt, und dennoch bleibt dabei unser inneres Leben weiterhin ohne jeden Sinn und bedeutungslos. Es findet keine spirituelle Bereicherung in uns statt, und wir lassen nicht von den drei zerstörerischen geistigen Haltungen ab, der Unwissenheit, der Abhängigkeit von irdischen Dingen und dem Hass. Dies schafft nicht nur in unserem jetzigen Leben Probleme aller Art, sondern auch in unseren kommenden; es entstehen insbesondere Probleme, die durch unsere egozentrische Geisteshaltung und selbstherrlichen Gedanken verursacht werden, die allen Wesen schaden. Nichts wird in dem für alle grundlegenden Zusammenhang von Mitgefühl und Nächstenliebe weiterentwickelt. Unser tiefes inneres Leben bleibt dürr und karg, wenn auch unser Hirn voller Worte ist.

Wonach ein gebildeter oder ungebildeter Mensch, ein Professor, Philosoph, Bettler oder Millionär, ein Kind, ein alter Mensch, wonach letzten Endes alle suchen, ist die Glückseligkeit; niemand wünscht sich Probleme oder Leiden. Wo es um das Glück geht, kann man sich entweder auf das Glücksgefühl des Moments konzentrieren oder auf das Glück, das das Leben transzendiert, seine Grenzen übersteigt. Es gibt das Gefühl von Glück, das eine Minute andauert, eine Stunde, zwölf oder vierundzwanzig Stunden; welches Glück soll man sich wünschen? Welche Art von Glück, muss man sich fragen, ist wichtiger oder bedeutsamer, um nach ihm streben zu wollen? Ähnlich kann Glück eine Woche, einen Monat oder gar jahrelang Bestand haben. Nun also, welches Glück soll man vorziehen? Welches Glück ist uns wichtiger?

Im Moment scheint es, als ob die Lebensspanne lang ist. In unserem verblendeten Geist tragen wir die Vorstellung des Unvergänglichen, und wichtige Phänomene wie das Leben werden daher irrigerweise als unsterblich angenommen. Wir glauben, dass uns eine lange Lebenszeit beschieden ist; dass wir so denken, geschieht gewissermaßen aus unserer inneren Natur heraus. An dem Tag, wenn der Tod kommt, findet dieses Leben sein Ende – die Erscheinung ist verschwunden; das Leben hat stattgefunden und ist vorbei. Man hat den Eindruck, als ob das Leben so kurz wie ein Blitz war. Wenn der Blitz einschlägt und wir uns draußen im Dunkeln aufhalten, taucht der Blitz unseren Körper und die

Dinge um uns in größte strahlende Helligkeit. Für einen Moment gibt es diese helle Erscheinung, aber im nächsten Moment ist sie auch schon wieder verschwunden.

Für gewöhnliche Menschen, die sich auf ihrem Weg noch weit von diesem Punkt befinden, an dem sie frei vom Leiden im Kreislauf von Tod und Wiedergeburt sind, besitzt der Tod genau diese Eigenart. Solange man diese Bewusstseinsebene noch nicht erlangt hat, hat der Tod den Charakter des Endgültigen und kann jederzeit eintreten. Daher müssen wir das mögliche Glück zukünftiger Leben ausreichend in Betracht ziehen, was letztlich wichtiger ist als das Glück nur in diesem Leben. Bis wir nicht vom Kreislauf von Tod und Wiedergeburt erlöst sind, werden wir weiterhin immer neu verschiedene Leben durchleben und erleiden müssen. Wieviel Zeit nötig ist, sich aus diesem Kreislauf zu befreien, hängt davon ab, ob wir den offen daliegenden, zuverlässigen und bewährten Weg tatsächlich gehen, respektive sein Ziel anstreben. Auch wenn wir die Tauglichkeit des Pfades selbst nicht bewiesen haben, so haben dies andere vor uns getan: durch Untersuchung und Erfahrung, bis es ihnen schließlich gelang, sich aus dem Kreislauf von Tod und Wiederverkörperung zu befreien. Daraus folgt also, dass wir, wenn wir Glück erstreben, die unmittelbar vor uns stehenden zukünftigen Leben glücklich gestalten müssen und nicht sinnlos und erfüllt mit Leiden führen dürfen. Viel wichtiger jedoch als das Glück für die kommenden Leben ist die immerwährende Glückseligkeit, das absolute Ende allen Leidens.

Für den Menschen gibt es das Erleiden der Wiederverkörperung, des Alterns, der Krankheit und des Todes. Probleme ergeben sich auch aus unvorhersehbaren Widerständen, die zu den Sorgen um die eigenen eigentlich wünschenswerten Ziele und der Unfähigkeit, sich überhaupt sinnvolle Ziele zu setzen, hinzukommen. Selbst wenn man schließlich erreicht hat, was man sich sehnlichst wünschte, kann man nicht unbedingt Befriedigung aus diesem Moment ziehen. Diese Situation verwirrt die Menschen und führt zu vielen schwierigen Situationen in der Welt. Eine Frucht mag außen sehr schön erscheinen, aber innen völlig verfault und von Würmern zerfressen sein; und genauso kann unser Leben nach außen hin vielleicht den schönen Anschein von Ordnung und Ausgewogenheit vortäuschen, aber innen die Hölle sein. Es geschieht nicht selten, dass man sich zu einer Person hingezogen fühlt und ihre Nähe sucht, weil sie - aber eben nur äußerlich - attraktiv ist. Beim näheren Kennenlernen aber entdeckt man, dass sie im Innern ganz und gar nicht dem äußeren Anschein entspricht.

Alle diese Leidensmomente sind immer mit tiefem Schmerz verbunden, aber darin besteht nicht das einzige Leiden in *Samsara*. Es gibt noch eine zweite Art des Leidens - nämlich vorübergehende Freude, die aber tatsächlich Leiden ist. Warum? Weil diese Gefühle unserem verblendeten Geist als angenehm erscheinen, aber bei näherer vernünftiger Prüfung von uns als Leiden erkannt werden müssen. Diese zeitlich gebundenen, vordergründigen samsarischen Freuden und Annehmlichkeiten gründen zum Beispiel in einem hohen öffentlichen Ansehen, in Lob und Anerkennung, den sinnlichen Freuden zwischen den Geschlechtern, gutem Essen und Trinken, Rauchen, Schlafen, Geschenken, Reichtum und so fort.

Nun gibt es noch eine dritte Leidensform, die eigentlich die bedeutendste ist und die zu erkennen und zu begreifen äußerst wichtig ist. Dieses Leiden rührt von den fünf Aggregaten oder Aspekten unseres beeinträchtigten Körpers und Geistes her. Der Keim der beeinträchtigten geistig-körperlichen Aspekte wird durch Illusion und *Karma* gelegt. Unser Körper und Geist sind Produkt oder Ausdruck einer unreinen Ursache. Sie fußt auf dem unreinen oder befleckten Kern verwirrter Gedanken und macht deshalb das Wesen von Leiden aus. Ein verwirrter Gedanke kann nur weitere verwirrte Gedanken hervorbringen. Das Bewusstsein wird von Depressionen und Gefühlen der Einsamkeit bedrängt. Wir fühlen uns leer, unzufrieden, sind voller Furcht, weil wir so viele Erwartungen an uns und andere stellen und uns von vielen Dingen abhängig gemacht haben. Wir sind besorgt und fürchten, dass wir nicht in der Lage sein könnten, das zu erreichen oder zu erhalten, was wir uns sehnlichst wünschen. Besonders stark ist das Leiden, wenn wir das von uns Erwünschte nicht erhalten. Damit einher gehen auch die körperlichen Probleme, die verschiedenen Krankheiten, die zum Teil unerträglich sind, und schließlich die mit dem Altern verbundenen Belastungen, die Gebrechlichkeiten und Anfälligkeiten.

Damit kommen wir zu der gewichtigen Frage – warum erleben und erfahren wir nicht ein Leben voller Freude und Glückseligkeit, sondern stattdessen voller Schmerz? Um darauf eine Antwort zu finden, sollte man jemanden finden, der schon einmal in der Lage war, ein glückliches Leben zu führen. Bei jemandem, der die Grundlage für Glück und Freude (statt für Leiden und Schmerz) schaffen konnte, kann man eine Antwort oder gar eine Lösung finden und in einem weiteren Schritt für die eigene Person herausfinden, wie man sich selbst befreien kann.

Dann wird man auf den einzig wahren Pfad gelangen, d.h. zur Methode, die tatsächlich den Grund allen Leidens aufhebt und kein weiteres Leiden mehr entstehen lässt. Damit ist auch jenes Leiden eingeschlossen, das sich aus den immer noch weiterbestehenden fünf beeinträchtigten Aggregaten oder Aspekten ergibt, die von einem zum nächsten Leben übergehen. Im Beenden dieses durchdringenden, allumfassenden Leidens besteht die eigentliche, tatsächliche Befreiung. Wer noch keine der beiden Leidensformen (schmerzhaftes Leiden und kurzlebige Freude) je erlebt oder erfahren hat, kann sich auch nicht von ihnen befreien. Diese Leiden können zwar vorübergehend nachlassen, dauern aber grundsätzlich so lange an, bis man Samsara vollständig auflöst, d. h. bis das Weiterbestehen der beeinträchtigten Aggregate endgültig beendet worden ist.

Dieses Beenden bewahrt uns vor dem Leiden in der Hölle; denn man ist für immer vom Leiden befreit. Eine noch größere Glückseligkeit besteht in der vollkommenen Auslöschung aller subtilen, äußerst feinen, negativen Spuren, die unsere Vorstellungen von einer inhärenten Existenz des „Ich" oder des „Selbst" in uns hinterlassen. Wenn diese Vorstellungen nicht mehr bestehen, gelangt man zum völlig reinen, vollkommenen Geist, dem Zustand vollständiger Erleuchtung, beispiellosen Glücks und höchster Glückseligkeit; mehr lässt sich nicht erreichen. Dieses Ziel ist das wichtigste, weil es allen Wesen nützt, indem es sie vom Leiden befreit und zur Erleuchtung hinführt. Dies bedenkend, muss man entscheiden, wie man sein Leben führen will.

In der Erleuchtung (dem vollständigen Nachlassen allen Leidens) liegt der wichtigste Grund, warum wir nicht unser Leben verschwenden sollten, das nicht nur uns selbst, sondern allen anderen von Nutzen sein kann. Um diesen Prozess der Erleuchtung in Gang zu setzen, müssen wir die Natur unseres Geistes und Bewusstseins untersuchen. Unser Geist ist wie die Spiegelung auf einer makellosen Spiegeloberfläche und, ähnlich den Spiegelbildern an der Oberfläche, nicht durch Form eingeschränkt. Gegenstände erscheinen und der Geist nimmt sie wahr, wobei der Geist jedoch ohne Form und Farbe ist. Er hört im Moment des Todes nicht auf zu existieren, selbst wenn er den Körper als Vehikel oder äußeren Aufenthaltsort verliert, sondern ist immerwährend und unvergänglich. Um Reinkarnation, d. h. die Wiederverkörperung, verstehen zu können, muss man den Geist begreifen.

Der Geist gelangt nicht unabhängig und losgelöst von Ursachen und Bedingungen zur Existenz. Alle Illusionen bzw. Trug- und Täuschungsbilder - Stolz, Eifersucht, Ignoranz usw. - ändern sich immer wieder aufgrund dieser vorgegebenen Bedingungen. Der Geist ist einerseits ein verursachendes Prinzip und daher nicht von fester Dauer, sondern veränderlich; andererseits existiert er selbst aufgrund von Ursachen und Bedingungen. Zusätzlich hinterlassen aus der Vergangenheit Emotionen von Zorn und Wut ihre Spuren in unserem Geist. Wenn ein Mensch seinen Geist nicht kontrolliert oder mit Hilfe von Meditation und Psychologie schützt und bewahrt, werden immer von neuem Gefühle des Zorn und des Verdrusses aufkommen, eben wegen der nachhaltigen Spuren, die frühere Zornesausbrüche und -gefühle sowie die Auseinandersetzungen mit lästigen und widrigen Dingen zurückgelassen haben. Unser Geist ist verantwortlich dafür, wie wir mit unangenehmen Dingen und Erlebnissen umgehen und sie verarbeiten; unser Geist ist es, der aufgrund seines negativen Denkens einem Ding oder Ereignis eine negative Interpretation „anheftet“. Wir vertrauen unserem fehlgeleiteten Denken und drängen unsere negative Sicht anderen Objekten auf: Ärger und Zorn werden stärker. Und somit schafft sich auf diese Weise unser Geist den Gegenstand seines Zorns selbst. Daraus folgt also, dass unser Feind und das, wogegen wir ankämpfen, tatsächlich Erzeugnisse und Projektionen unseres eigenen Geistes sind.

Die hauptsächliche Ursache für Zorn und Groll liegt in den Spuren, die von vorhergegangenem, lang zurückliegendem Ärger stammen, der sich immer noch versteckt in unserem geistigen Bewusstsein befindet. Ärger tritt immer dann auf, wenn man mit dem Gegenüber oder einem Feind keine Geduld hat. Bei der Haltung eines Menschen, der einen anderen mag, verhält es sich genau umgekehrt. Geduld hilft uns dabei, negative Erfahrungen in positive zu wenden. Geduld erzeugt einen positiv gestimmten, friedfertigen und gesunden Geist.

Ein mit sich unzufriedener Mensch voll Hass oder Zorn ändert sich positiv, wenn er Geduld aufbringt. Geduld bringt unserem Leben Vorteile und Nutzen und fördert damit am besten unsere spirituelle Entwicklung. Sie verändert unseren Geist, lehrt uns, nachsichtiger zu sein und lässt damit Ärger auf Dauer schwächer werden. Man hat keine Feinde mehr - in diesem Leben und in allen zukünftigen.

Das Ziel im Leben eines jeden sollte sein, anderen keinen Schaden zuzufügen, sondern ihnen Unterstützung zu gewähren, ihr Leben sinnvoll gestalten zu helfen, sie von Problemen fernzuhalten, Mitgefühl zu entwickeln, Weisheit zu fördern, um somit für alle größeres Glück zu schaffen. Indem wir das Leiden und unseren Geist besser begreifen lernen, entwickeln und erfahren wir zugleich eine stärkere Motivation, diese Ziele erreichen zu wollen und unseren Lebenszweck zu erfüllen. Dabei ist das Wichtigste, den ganzen Tag mit dieser Einstellung zu leben. Mitgefühl und Weisheit füllen dann das leere Herz mit Freude.

Glossar

Achtfacher Pfad: Die vierte der →Vier Edlen Wahrheiten. Die acht Glieder des Achtfachen Pfads verstehen sich als Anleitung für den Weg zur Befreiung, d. h. als der Weg, der zum Erlöschen des Leids führt. Der achtfache Pfad umfasst 1. rechte Einsicht, 2. rechte Absicht, 3. rechte Rede, 4. rechtes Tun oder Handeln, 5. rechten Lebenserwerb, 6. rechte Anstrengung oder Bemühung, 7. rechte Achtsamkeit, 8. rechte Konzentration. Die acht Glieder sind nicht als Etappen auf dem Weg zur Erlösung zu verstehen, sondern unter sich verschränkt.

acht Freiheiten oder Befreiungen: Zustände, die durch die Praxis von acht Stufen meditativer Sammlung durchlaufen werden und durch die jedes Anhaften an Körperlichem und Nicht-Körperlichem überwunden werden sollte.

acht weltliche Prinzipien: Die acht weltlichen Prinzipien sind: 1./2.: Das Hoffen auf Gewinn und die Angst vor Verlust; 3./4.: Das Verlangen nach Lob und die Scheu vor Tadel; 5./6.: Der Wunsch nach Glück und die Angst vor Schmerz/Leid; 7./8.: Der Wunsch nach Ruhm und die Angst vor Schande.

Ahimsa: Gewaltlosigkeit, Nicht-Verletzen; die Lehre und Praxis des völligen Verzichts auf Gewaltanwendung durch Gedanken, Worte und Taten. Einer der wichtigsten Aspekte buddhistischer Geisteshaltung.

Alayavijnana: Wörtlich: Speicherbewusstsein; zentraler Begriff der *Yogacara*-Schule des *Mahayana,* die darin das grundlegende Bewusstsein alles Existierenden sieht, die Essenz der Welt, aus der alles, was ist, entsteht. Es birgt die Erfahrungen des individuellen Lebens und die Keime zu jedem geistigen Phänomen. Auch andere Denkschulen sprechen vom Speicherbewusstsein, jeweils nach ihrer eigenen Anschauung.

Arya Asanga: Der Begründer der *Yogacara*-Schule. Er lebte im 4. Jh. n. Chr. Asanga kehrte sich von Nagarjunas kategorischer Auffassung von Substanzialitätslosigkeit ab. Der Überlieferung nach soll er seine Lehre direkt vom zukünftigen Buddha Maitreya erhalten haben.

Aryadeva: Unmittelbarer Schüler Nagarjunas, des Begründers der →*Madhymika*-Schule, vermutlich 3. Jh. Aryadeva kommentierte Nagarjunas Werke und setzte sich mit den nicht-buddhistischen Systemen auseinander.

Avalokiteshvara: Der →*Bodhisattva* des universellen Mitgefühls (tibetisch „Tschenresig“) sendet Ausstrahlungen in die leidvollen Bereiche des Daseins. Der Dalai Lama gilt den Tibetern als seine Emanation (Ausstrahlung) oder Inkarnation im Menschenbereich.

Bhagavad Gita: Heiliger indischer Text des Hinuismus.

Bhikshu: Ein voll ordinierter buddhistischer Mönch.

Bhumi: Die Stufen des →*Bodhisattva*-Weges. Es werden zehn Stufen bis zur Erleuchtung beschrieben, auf denen ein Wesen fortschreitend geistige Schleier reinigt und Mitgefühl und Weisheit entfaltet.

Bodhi: Die innere Erleuchtung.

Bodhi-Baum: Eine Unterart des Feigenbaums. Der *Bodhi*-Baum wird in allen buddhistischen Ländern verehrt. Die

Erleuchtung des Buddha fand unter einem *Bodhi*-Baum in Bodh Gaya im heutigen indischen Bihar statt.

Bodhicharyavatara: Siehe unter *Shantideva*.

Bodhicitta: Übersetzt „Erleuchtungsgeist"; die auf die Erleuchtung ausgerichtete Geisteshaltung, die uneigennützig darauf ausgerichtet ist, die Erleuchtung einzig zu dem Zweck zu erlangen, alle Lebewesen vom Leiden zu befreien und sie zur Buddhaschaft führen zu können.

Bodhisattva: Ein Wesen, das die Befreiung vom Kreislauf der Wiedergeburten (→*Samsara*) erlangt, indem es alle Eigenschaften der Erleuchtung verwirklicht. Aus Mitgefühl manifestiert sich der Bodhisattva jedoch wieder im →*Samsara*, um den Lebewesen zu helfen. Er handelt niemals im Eigeninteresse; sein Handeln und Denken sind auf das Wohlergehen anderer ausgerichtet.

Bodhisattvayana: Der Weg oder das Fahrzeug, das das Ziel der Befreiung im Sinne eines →*Bodhisattva* verfolgt.

Buddha: Wörtlich: Der Erleuchtete bzw. der Erwachte. Buddha ist kein Name, sondern ein Titel: Dementsprechend heißt es: „der Budda", nicht nur „Buddha". Der historische Buddha war ein Mensch, er ist kein Gott.

Buddha-Natur: Die Natur des Geistes aller Lebewesen ist dieselbe wie die eines erwachten Buddha. Die Buddha-Natur durchdringt alle Wesen, doch den meisten ist sie nicht bewusst. Wer die innere Natur verwirklicht hat, wird schließlich zu einem →*Buddha*.

Buddhas der drei Zeiten: *Alle* Buddhas, die in der Vergangenheit, Gegenwart und Zukunft das Erwachen manifestiert haben bzw. manifestieren werden. Aus der Sicht des →*Mahayana* verlöschen die Buddhas nicht in einem passiven →*Nirvana*, sondern wirken für das Wohl aller Wesen.

Buddhaschaft: Ausdruck der Verwirklichung der vollkommenen Erleuchtung, die einen Buddha auszeichnet. Das Erlangen der Buddhaschaft ist für alle Wesen möglich und höchstes Ziel aller Lebewesen.

Carya Tantrayana: Eine der vier *Tantra*-Klassen, in die sich die Praxis des →*Tantrayana* oder →*Vajrayana* einteilen lässt. Auf jedem Niveau entwickelt die oder der Praktizierende eine spezifische Einstellung zur Erweckung und Entfaltung der →*Buddha-Natur,* in der Regel mit der Methode der Praxis einer Gottheit.

Chandrakirti: Ein bedeutender indischer Vertreter der →*Madhyamika*-Schule.

Cittamatra: Buddhistische Denkschule des →*Mahayana*, die alle Erscheinungen für rein vom Geist geschaffen hält. *Cittramatra, Vaibhashika, Sautrantika* und *Madhymika* sind vier Denkschulen, die sich in Bezug auf die Frage der Wirklichkeit von Erscheinungen/Phänomenen und ihrer Leerheit auf subtile Weise voneinander unterscheiden. Mit ihrer Hilfe kann das Bewusstsein und seine Wahrnehmungsfähigkeit differenziert untersucht werden.

Dharma: Die Lehre des Buddha und der Pfad des Erwachens. Zentralbegriff im Buddhismus; ein aller Existenz unterliegendes kosmisches Gesetz, eines der „Drei Juwelen". „Dharma" wird manchmal auch als Allgemeinbegriff für Buddhismus verwendet.

Dharmakaya, Sambhogakaya, Nirmanakaya: Die drei Körper (*Kaya*) des geistigen Erwachens eines →*Buddha.* Der *Dharmakaya* ist der höchste, eigentlich formlose „Körper" der Wirklichkeit. Der *Sambhogakaya* erscheint als Ausstrahlungs- und Seligkeitskörper und ist nur für diejenigen sichtbar, die eine hohe Stufe der Meditation bzw. geistiger Reinheit erreicht haben. Der *Nirmanakaya* erscheint zum Wohle konkreter und im Leiden gefangener Lebewesen in einer physischen Gestalt. Man spricht deshalb auch vom „Körper der Leerheit" in Bezug auf den *Dharmakaya*, aus dem die beiden Formkörper *Sambhogakaya* und *Nirmanakaya* mühelos entstehen, wenn dazu ein Bedarf besteht.

Drei Hohe Übungen: Die drei wichtigsten Aspekte buddhistischer Lehre und Praxis: Moral, ethisches Verhalten (→*Shila)*, meditative Konzentration (→*Samadhi*) und Weisheit/Erkenntis/Einsicht *(Prajna)*

Drei Juwelen: Buddha, →*Dharma* und →*Sangha;* der Erwachte, die Lehre und der Weg, sowie die Gemeinschaft der Lehrenden und Übenden. Die drei Juwelen sind die Objekte der buddhistischen Zuflucht.

drei niedere Welten: Vgl. unter *Samsara*; die drei höheren Daseinsbereiche; fünf beeinträchtigte Aggregate/Aspekte.

Gelug: Eine weit verbreitete Schule des tibetischen Buddhismus; gegründet von dem Lama Tsong Khapa zu Beginn des 15. Jh. Im Westen ist sie auch unter dem Namen „Schule der Gelbmützen" bekannt, nach der Farbe der zeremoniellen Mützen, die ihre Anhänger tragen.

Guru: Das Sanskritwort für „spiritueller Meister".

Hinayana: Die Lehren des „Kleinen Fahrzeugs", die sich an all jene richten, die nach persönlicher Befreiung streben, d. h. ihrem eigenen Leiden ein Ende setzen wollen.

Jain-Religion: Eine vorbuddhistische indische Religion, die aus den Asketenbewegungen Nordostindiens zwischen dem 8. und 5. Jh. v. Chr. hervorging. Unter aktiver Beteiligung der Laien, z.T. mit königlicher Unterstützung entfaltete der Jainismus eine bedeutende kulturelle, literarische und politische Wirksamkeit. Seit Ende des 19. Jh. ist er auch außerhalb Indiens tätig, u.a. als Förderer des Vegetarismus. Im modernen Indien sind die Anhänger der Jain-Religion eine kulturell und ökonomisch vitale Minderheit von etwa 4,3 Mio.

Kadam: Die *Kadam-pa*-Tradition wurde in Tibet von Atisha Dipankara und anderen Meistern mit ihrem besonders auf das Buddha-Wort ausgerichteten Stil begründet. Sie muss allerdings schon zuvor unter anderem Namen in Indien und Südostasien existiert haben. Sie ist die Vorgängerin der späteren →*Gelug*-pa-Schule in Tibet. Allerdings beeinflusste ihr Stil auch die anderen buddhistischen Schulen, so z.B. die →*Kagyu*-pa-Schule durch Gampopa, der ursprünglich ein *Kadam*-pa-Mönch war.

Kagyu: Eine der vier Hauptschulen des tibetischen Buddhismus; im 11. Jh. von Gampopa (1079–1135) gegründet; zu ihren Vertretern zählt auch der berühmte Poet und Mystiker →*Milarepa.*

Karma: Wörtlich: Tat; das Gesetz von Ursache und Wirkung, welches das Schicksal der Lebewesen bestimmt; ihre Freuden, ihre Leiden, ihre Wahrnehmungen der Welt sind weder zufällig noch das Werk eines allmächtigen Schöpfers, sondern das Resultat ihrer früheren Handlungen. Gleichermaßen wird auch die Zukunft jedes Lebewesens durch die Qualität seiner jetzigen Taten bestimmt.

Karuna: Mitgefühl

Kriya Tantra: Eine der vier *Tantra*-Klassen, in die sich die Praxis des →*Tantrayana* oder →*Vajrayana* einteilen lässt. Auf jedem Niveau entwickelt die oder der Praktizierende eine spezifische Einstellung zur Erweckung und Entfaltung der →*Buddha-Natur,* in der Regel mit der Methode der Praxis einer Gottheit.

Lam-rim: Tibetische Textgattung, die einen stufenweisen (*rim*) Weg (*lam*) des Erwachens in systematisch aufeinander aufbauenden Übungsmethoden vorstellt.

Lamaismus: Von westlichen Historikern und Religionswissenschaftlern erfundener Begriff, um den besonderen Stil des tibetischen Buddhismus zu beschreiben. Der Ausdruck suggeriert allerdings, dass es sich um eine von tibetischen *Lamas* entwickelte Religion handelt, die vom Buddhismus abweicht. Das entspricht jedoch keineswegs dem Selbstverständnis tibetischer Buddhisten und ihrer *Lamas.* Der tibetische Buddhismus umfasst Lehren und Methoden aus allen Epochen der buddhistischen Geschichte, des →*Hinayana,* →*Mahayana* und des →*Vajrayana*, d. h. des *Sutrayana* und des *Tantrayana.*

Madhyamika: Eine der größeren philosophischen Schulen des →*Mahayana*-Buddhismus; Schule des mittleren Pfades, gegründet von Nagarjuna, betont die Lehre von der Leerheit. Siehe auch unter *Cittamatra.*

Madhyamika Avatara: Der berühmte, große Text von →*Chandrakirti,* der die →*Madhymika*-Lehre darstellt.

Maha-Anuttara Yoga Tantra: Eine der vier *Tantra*-Klassen, in die sich die Praxis des →*Tantrayana* oder →*Vajrayana* einteilen lässt. Auf jedem Niveau entwickelt die oder der Praktizierende eine spezifische Einstellung zur Erweckung und Entfaltung der →*Buddha-Natur,* in der Regel mit der Methode der Praxis einer Gottheit.

Makakaruna: Das große Mitgefühl eines erwachten Wesens.

Mahayana: Die Lehren des „Großen Fahrzeugs" basieren auf Mitgefühl; es ist der Weg der →*Bodhisattvas*, die nach Erleuchtung streben, um in der Lage zu sein, die unendliche Zahl der Lebewesen zur Befreiung zu führen. *Mahayana* wird als die liberale und praktische Form des Buddhismus angesehen.

Maitreya: Wörtlich: Der Liebende; Name des zukünftigen Buddha, der erscheinen soll, wenn die Epoche des Gautama Shakyamuni, in der wir noch leben, zu Ende gegangen ist.

Mantra: Eine Folge von Silben, die im Allgmeinen den Namen eines →*Buddha* beinhaltet. Ein *Mantra* schützt den Geist vor allem, was ihn in Verwirrung und Unwissenheit stürzt.

Milarepa: Der berühmteste tibetische Yogi und Mystiker (1052–1135). Er lebte zumeist nur mit einem Baumwolltuch bekleidet in den Höhlen des Himalaya. Seine Einsichten tat er in Geschichten und Liedern kund, die als *Die hunderttausend Gesänge des Milarepa* überliefert wurden.

Moksha: Wörtlich: entlassen, loslassen. Im Hinduismus kann durch ein spirituelles Leben oder mehrere Leben die Seele mit *Brahman*, der höchsten Wirklichkeit, wieder vereinigt werden. Im Kontext der Vorträge dieses Buches bedeutet *Moksha* einfach „Befreiung".

Nagarjuna: Vermutlich 2.–3. Jh. v. Chr.; einer der bedeutendsten Philosophen des Buddhismus und Begründer der →*Madhyamika*-Schule.

Nirmanakaya: Siehe unter *Dharmakaya*.

Nirodha: Wörtlich: Vernichtung, Aufhebung. *Nirodha* wird verschieden interpretiert: als Aufhebung des Leidens im

Sinne der dritten der →*Vier Edlen Wahrheiten*; als Aufhebung der Leidenschaften, die die Ursache des Leidens darstellen; als Aufhebung der Wiedergeburt und sterblichen Existenz, der Gefühle und der Wahrnehmung. Vielfach wird *Nirodha* gleichgesetzt mit →*Nirvana*. Der Begriff betont den Aspekt der aktiven Aufhebung der Ursachen für eine neuerliche Wiedergeburt.

Nirvana: Wörtlich: Verlöschen. Der Zustand jenseits des Leidens, der in allen →*Sutren* des Buddhismus angestrebt wird, den der →*Bodhisattva* aber nicht nur für sich selbst zu verwirklichen trachtet, sondern zu dem er allen Wesen verhelfen will.

Nyingma: Eine der vier Hauptschulen des tibetischen Buddhismus; sie entspringt der buddhistischen Lehre, die von Padmasambhava im 8. Jh. nach Tibet gebracht wurde.

Paramitas: Vollendung, Tugend. Sechs oder zehn Praktiken, die traditionell mit dem →*Bodhisattva*-Pfad assoziiert werden: Gebefreudigkeit (*Dana-Paramita*), ethisches Verhalten (*Shila-Paramita*), Geduld (*Kshanti-Paramita*), freudevolle Ausdauer (*Virya-Paramita*), Meditation (*Dhyana-Paramita*), Weisheit (*Prajna-Paramita*), richtige Methode (*Upaya-Paramita*), Gelöbnis (*Pranidhana-Paramita*), Kraft/Energie (*Bala-Paramita*), Ursprüngliche Weisheit (*Jnana-Paramita*).

Paramitayana: Das →*Mahayana* (großer Weg/Fahrzeug) kann auch →*Bodhisattvayana* oder →*Paramitayana* genannt werden. Die →*Paramitas* sind Aspekte des Weges zur Erleuchtung.

Prajnaparamita: →*Mahayana*-Lehren über die Vervollkommnung der Weisheit, die durch die Erkenntnis der Leerheit des Geistes und aller Phänomene entwickelt werden kann.

Prasangika Madhyamika: Eine der Interpretationsrichtungen der →*Madhyamika*-Philosophie. Siehe auch *Svatantrika Madhyamika.*

Pratityasamutpada: Die Lehre vom Entstehen in gegenseitiger Abhängigkeit.

Puja: Liturgische Zeremonie des tibetischen Buddhismus und des Hinduismus.

Sakya: Eine der vier Hauptschulen des tibetischen Buddhismus, die in der Nachfolge von vier Meistern gegründet wurden.

Samadhi: Meditative Konzentration, tiefe Meditation mit einer besonderen Stabilität.

Sambhogakaya: Siehe unter *Dharmakaya.*

Samsara: Der Kreislauf der Wiedergeburten bzw. Daseinskreislauf, beherrscht vom Leiden, das u. a. durch Unwissenheit verursacht wird. Es umfasst die sechs niederen Daseinsbereiche der Höllenwesen, Hungergeister und Tiere und die drei höheren Daseinsbereiche der Menschen, Halbgötter und Götter. Der Daseinsbereich des Menschen ist der einzige, in dem es einerseits genügend Leid gibt, um den Wunsch nach Befreiung zu wecken, ohne dass man andererseits durch die Intensität des Leides jeglicher Möglichkeit beraubt wird, einem sprituellen Weg zur Befreiung zu folgen.

Samvriti-Satya: Etwa „konventionelle Wahrheit"; die relative Wahrheit der Welt der Phänomene im Gegensatz zur absoluten und endgültigen Wahrheit (*Paramartha-Satya*). Die Zwei Wahrheiten werden von verschiedenen Schulen des Buddhismus verschieden definiert.

Sangha: Die Gemeinschaft aller praktizierenden Buddhisten, von gewöhnlichen Wesen bis hin zu den →*Bodhisattvas.*

Sankhya-Philosophie: Eines der sechs orthodoxen Philosophiesysteme des Hinduismus. Es lehrt, dass durch die Vereinigung von *Prakriti* (Natur) mit *Purusha* (Bewusstsein) das Universum entsteht. Nach Auffassung der *Sankhya*-Philosophie gibt es so viele Seelen und Bewusstseinseinheiten (*Purushas*), wie es lebende Wesen gibt.

Sanskrit: Uralte Sprache Indiens, in der die heiligen Schriften des →*Mahayana*-Buddhismus abgefasst sind.

Sautantrika: Eine der frühen Schulen des Buddhismus, verknüpft mit dem →*Theravada.* Siehe auch unter *Cittamatra.*

sechs Leidenswelten: Sechs samsarische Bereiche, auch Daseinsbereiche. Im Rad des Lebens werden alle existierenden Lebewesen in sechs Arten mit ausgeprägten Merkmalen ihres Geistes- und Erlebniszustandes beschrieben: stolze Götter, streitsüchtige Halbgötter (Titanen), der Leidenschaft unterworfene Menschen, unwissende Tiere, hungrige Geister und die Wesen in den qualvoll heißen und kalten Höllenbereichen. Vgl. auch unter →*Samsara.*

Shakyamuni: Der historische Buddha (ca. 563–422 v. Chr.); auch *Gautama* genannt.

Shamatha: Wörtlich: geistige Ruhe; Zustand der meditativen Sammlung, in dem der Geist stetig bei einem Objekt verweilt, ohne von anderen Wahrnehmungen abgelenkt zu werden. Geistige Ruhe ist das Fundament, auf dem alle anderen Meditationen aufbauen.

Shantideva: Vertreter der →*Madhyamika*-Schule; nach der Legende ein Königssohn aus Indien; wirkte im 7./8. Jh. als Mönch an der Klosteruniversität Nalanda. Er ist der Verfasser zweier Werke, des *Shikshamuchchaya (Sammlung der Regeln)* und des *Bodhicharyavatara (Eintritt in das Leben zur Erleuchtung).* Letzteres wird bis heute als ein Haupttext im tibetischen Buddhismus verwendet.

Shila: Unter *Shila* versteht man alle Lehren und Praktiken zur Entwicklung eines reinen, ethischen Lebenswandels. Die *Shila* werden in Richtlinien und Lebensregeln vermittelt, die man auch geloben kann, z. B. in der Form von Gelübden für Ordinierte und Laien. Sie sollen einem Individuum helfen, möglichst viel positives →*Karma* zu kultivieren und die Entstehung von negativem *Karma* zu vermeiden, bzw. die Eindrücke alter negativer *Karmas* zu reinigen.

Shunya: Kurzform von *Shunyata,* die Leerheit, d. h. die Substanz- und Merkmallosigkeit aller Dinge. Ein geeignetes deutschsprachigs Synonym für Leerheit ist „Offenheit". Der Begriff „Leere" hingegen könnte ein negatives Konzept suggerieren, umso mehr der Begriff „Nicht-Existenz", was Missverständnisse begünstigt. „Leerheit" und „Offenheit" haben sich in der Anwendung bewährt. Leerheit/Offenheit kann nicht nur intellektuell untersucht, sondern auch in der Meditation erfahren werden.

Shunyata: Siehe unter *Shunya.*

Siebenunddreißig Aspekte des Pfades zur Erleuchtung: Eine Zusammenstellung der für die Erleuchtung notwendigen Übungen und Einstellungen nach der Ursprungslehre des Buddhismus. Sie lassen sich wie folgt beschreiben: Vier Grundlagen der Achtsamkeit (*Sattipatthana*), vier rechte Anstrengungen (*Samma-pphadana*), vier Machtfährten (*Iddhipada*), fünf Fähigkeiten (*Indriya*), fünf Kräfte (*Bala*), sieben Erleuchtungsglieder (*Bojjhanga*) und der *Edle →Achtfache Pfad* (*Atthangika-magga*).

Skandha: Wörtlich: Aggregate. Die fünf Ansammlungen der Körper- und Bewusstseinskomponenten, die gewöhnlich als ein Individuum betrachtet werden, nämlich Form, Empfindung, Unterscheidung, Willensregung und Bewusstsein. Man unterscheidet *Skandhas* des Individuums und *Skandhas* der Phänomene.

Sugatagarbha, Tathagatagarbha: Sanskritbegriffe, die synonym zu Buddha-Natur verwendet werden (*Garbha* = Natur).

Sugatahridaya: auch *Tathagagarbha;* das Herz des Buddha oder die Buddha-Natur.

Sutra: Die Darlegungen des historischen *Buddha →Shakyamuni,* die von seinen Schülern niedergeschrieben wurden.

Sutrayana: Im Gegensatz zum *→Tantrayana* der Weg bzw. das Fahrzeug der *→Sutra-* Lehren. Im Kontext dieses Buches sind damit zumeist die *→Hinayana-* und *→Mahayana*-Sutren gemeint.

Svatantrika Madhyamika, Prasangika Madhyamika: Zwei sich subtil unterscheidende Denkschulen der *→Madhyamika*-Lehre, die einen Weg der Mitte in Bezug auf die Frage von Erscheinung und Leerheit bzw. der absoluten und relativen Wirklichkeit zu beschreiben suchen.

Tantras: Buddhistische Textgattung, die auf die Lehrreden des Buddha *→Shakyamuni* zurückgeht, die dieser in einer besonderen transzendenten Form gelehrt haben soll.

Tantrayana: Im Gegensatz zum *→Sutrayana* der Weg bzw. das Fahrzeug der tantrischen Lehren, synonym zu *→Vajrayana.* Diese bauen auf den *→Tantras* auf. Tantrische Lehren zeigen Methoden, die auf eine besonders effektive Weise die immer vorhandene *→Buddha-Natur* in den Übenden erwecken und entfalten helfen wollen.

Tathagatagarbha: Vgl. unter *Sugatagarbha.*

Theravada: Wörtlich: Lehre der Ordensältesten. Schule des →*Hinayana.* Neben dem →*Mahayana* eine der beiden Hautprichtungen des Buddhismus, die vor allem in den südostasiatischen Ländern (Sri Lanka, Burma, Thailand, Kambodscha, Laos) verbreitet ist.

Vaibhashika: Eine der frühen Schulen des Buddhismus, verwandt mit dem →*Theravada.* Siehe auch unter *Cittamatra.*

Vajrayana: Das „Diamantfahrzeug", Bezeichnung für den tantrischen Buddhismus, also die Gesamtheit der Lehren und Übungen, die sich auf die →*Tantras* gründen, die von Indien nach Tibet gebracht wurden. Irrtümlich wird *Vajrayana* manchmal mit dem Begriff „tibetischer Buddhismus" gleichgesetzt. Dieser umfasst jedoch nicht nur das →*Tantra*, sondern kennt auch fast alle anderen buddhistischen Lehren.

Vasubhandu: Der Tradition nach zuerst Anhänger der *Sarvastivada*-Schule, dann der *Yogacara*-Schule und damit des Mahayana-Buddhismus. Mit einiger Wahrscheinlichkeit handelt es sich jedoch um zwei verschiedene Persönlichkeiten: den älteren Vasubhandu (320–380 n. Chr.) und den jüngeren Vasubhandu (400–480 n. Chr.). Beiden werden eine Reihe wichtiger Texte zugeschrieben.

Vier Edle Wahrheiten: Die Grundlage der buddhistischen Lehre: 1. Das Leiden, dessen Allgegenwart im Kreislauf der Wiedergeburten (→*Samsara*) wir erkennen sollten, 2. der Ursprung des Leidens, die zu überwinden sind, 3. der Weg (der Geistesschulung), den man durchlaufen muss, um die Befreiung von Leiden zu erlangen, 4. die Beendigung des Leidens - das Ziel dieses Weges, die →*Buddhaschaft.*

Vier Siegel: Vier Aspekte, die eine Lehre als eine authentische buddhistische Anschauung kennzeichnen: 1. Unbeständigkeit/Vergänglichkeit: Alle zusammengesetzten Dinge sind unbeständig. 2. Leiden: Alles, was mit Schleiern behaftet ist, bringt Leiden mit sich. 3. Frieden: Verwirklichung/Befreiung führt zu Frieden. 4. Nicht-Selbst: Alle Erscheinungen sind ohne ein unabhängiges Selbst.

Vinaya: Kodex der Verhaltensregeln im buddhistischen Mönchstum.

Vipassana/Vipashyana: *Vipassana;* Pali; wörtlich: Einsicht, klares Sehen, Erkennen. Intuitives Erkennen der drei Merkmale der Existenz: Vergänglichkeit/Zeitlichkeit (*Anitya*), Leiden (*Dukha*), Nichtselbst (*Anatman*) in allen physischen und mentalen Phänomenen. Im →*Mahayana*-Buddhismus wird die Sanskrit-Entsprechung des Wortes, *Vipashyana*, verwendet. *Vipashyana* ist analytische Untersuchung der Natur der Dinge, die zur Einsicht in die wahre Natur der Welt führt: die Leerheit (→*Shunyata*). Solche Erkenntnis verhindert das Aufkommen neuer Leidenschaften. *Vipashyana* ist einer der Faktoren zur Erreichung der Erleuchtung (→*Bodhi*); der andere ist *Shamata* (Beruhigung des Geistes).

Yana: Wörtlich: Fahrzeug.

Yoga Tantra: Eine der vier *Tantra*-Klassen, in die sich die Praxis des →*Tantrayana* oder →*Vajrayana* einteilen lässt. Auf jedem Niveau entwickelt die oder der Praktizierende eine spezifische Einstellung zur Erweckung und Entfaltung der →*Buddha-Natur,* in der Regel mit der Methode der Praxis einer Gottheit.

Zehn tugendhafte bzw. nicht tugendhafte Handlungen: 1. Anstatt Leben zu nehmen, Leben zu beschützen, 2. anstatt zu nehmen, was einem nicht gehört, großzügig und hilfreich sein, 3. anstatt sich sexuell verletzend zu verhalten, eine liebevolle und rücksichtsvolle Haltung kultivieren, 4. anstatt die Unwahrheit zu sagen, aufrichtig und genau sprechen, 5. anstatt zu verleumden, schlichten und versöhnen, 6. anstatt schlecht über andere zu sprechen, sanfte und hilfreiche Worte verwenden, 7. anstatt unnötig und viel zu reden, über sinnvolle Themen sprechen, 8. anstatt neidisch zu begehren, sich am Glück und Wohlergehen anderer erfreuen, 9. anstatt negative Absichten zu hegen, immer den Nutzen anderer im Sinn halten, 10. anstatt an falschen Ansichten festzuhalten, Anschauungen entwickeln, die der Wirklichkeit entsprechen.

Zwei Wahrheiten: Konzept der absoluten, letztgültigen Wahrheit, die begrifflich nicht fassbar ist (*Paramartha-Satya*) und der konventionellen Wahrheit. Zu letzterer siehe auch unter *Samvriti-Satya.* Die *Zwei Wahrheiten* werden von verschiedenen Schulen des Buddhismus verschieden definiert.